초승달도 눈부시다!

김영옥

1953년에 경남 마산에서 태어나 갯비린내 물씬한 그곳에서 생장기를 보냈다.
대학을 졸업한 뒤에 잡지사, 출판사 같은 데를 기웃거리다가, 전생에 미욱하나마 지은 바 선업善業이 적지 않았던지, 스님들을 독대하고 법문을 듣는 홍복을 오래 누렸다.
말씀을 제대로 알아듣기는 했을까. 부끄러운 줄도 모르고, 그 가르침을 받아적은
「봐라, 꽃이다! - 우리 시대의 스님들」, 「자귀나무에 분홍꽃 피면 - 비구니 스님 행장기」
책 두 권을 엮어 냈다.

mj5303@hanmail.net

초승달도 눈부시다!

처음 펴낸 날 | 2008년 5월 16일

지은이 | 김영옥

편집 | 조인숙, 박지웅, 홍현숙

펴낸이 | 홍현숙
펴낸곳 | 도서출판 호미
등록 | 1997년 6월 13일 (제1-1454호)
주소 | 서울시 마포구 서교동 339-4 가나빌딩 3층
편집 | 02-332-5084
영업 | 02-322-1845
팩스 | 02-322-1846
전자우편 | homipub@hanmail.net

디자인 | 최만수, 조인숙

필름출력 | 문형사
인쇄 | 대정인쇄
제본 | 성문제책

ISBN 978-89-88526-78-1 03810
값 | 10,000원

글ⓒ김영옥, 2008
그림ⓒ종림, 2008

ⓗⓞⓜⓘ 생명을 섬깁니다. 마음밭을 일굽니다.

선시가 있는 풍경
초승달도 눈부시다!

김영옥 지음

하나인 지혜의 노래

황현산 | 문학평론가, 고려대학교 불문학과 교수

　공부 농사를 짓고 그 결실을 수확하여 전하는 일에 문체 따위는 대수로운 것이 아닐지 모른다. 그러나 작은 것이 세상을 바꾼다는 말도 있다. 좋은 문체는 삼라만상에 말을 새롭게 거는 계기이며, 말하는 자 저 자신의 깊은 속을 정직하게 퍼 올리는 방편이며, 빈껍데기만 남아 있는 알음알이에 그 내용을 다시 채워 주는 순진한 힘이며, 힘을 잃은 글자들이 마침내 놀라 깨어 일어나게 하는 경종이다. 가장 단순한 말이라도, 그것이 진솔하고 심지 깊은 붓끝에서 흘러나올 때, 항상 거기 있는 것이 문득 거기 있음을 알게 해 준다.

　아홉 차례에 걸쳐 우리에게 선시를 읽어 주는 저자의 문체는 생 하나로는 얻기 힘든 묘를 이루었거니와, 거기 실려 있는 말들의 시작과 끝을 가름하기 어려운 것이 마치 큰 붓 작은 붓 아홉 자루를 동시에 써서 그린 당초문과 같다. 말이 전하는 지식은 치밀하여 길 닦기 어려운 숲을 생각하게 하나 그 전체의 어울림은 순결하고 무구하여 우리 마음을 벌써 열린 들판 앞에 세워 놓는다. 아홉이라고 말은 하나 그 아홉이 강제된 순서는 아니다. 처음부터 끝까지 읽으면 좋은 일이고, 아무 페이지나 열어 다섯 장을 채 못 읽고 기쁨에 겨워 잠시 접어 두어도 좋은 일이다. 도막 지어 놓으면 그 하나하나가 살아 있고, 합해 놓으면 또 그만큼 막대하게 살아 있으니, 큰 지혜가 제 스스로 누리는 생명이 그러할 것이다.

선시를 뒤따라 읽은 우리는 수많은 선지식을 만난다. 멀리는 태산 같은 조사들이 있고 가까이는 지금 이 시간까지 토굴 속에서 좌복을 걷지 않은 수행자들이 있다. 까다로운 스승과 배은망덕하기 마련인 제자들이 있다. 공부 지어야 할 열정으로만 마침내 연결되는 다른 인연과 다른 운명들이 있다. 조사들의 화두가 앞서고, 명철한 게송이 뒤따르고, 선사들의 오도송이 열을 짓고, 세간의 시편들도 제 몫만큼 부조한다. 그래서 이 아홉 구비의 글은 그 모든 선지식의 이야기이면서 동시에 그 누구의 이야기도 아니다. 이를테면, 편편의 곡진한 글줄기를 하염없이 따라가다가 어느 기막힌 대목에서 이것이 지금 누구의 이야기인지를 확인하기 위해 벌써 읽은 책장을 되넘겨야 할 때가 한두 번이 아니다. 그것은 글이 갈피를 흩트려 놓았기 때문이 아니라, 앞서고 뒤선 수행자들의 삶이 하나의 거대한 정진으로 둥글게 뭉쳐 있기 때문이다. 그 삶들은 셋도 둘도 아니다.

이 점은 이야기가 자리잡아 움직이는 시공에서도 마찬가지이다. 고된 수행이 지속되고 법석을 펴는 자리가 천축의 영산인가 하면 대륙의 남악이고, 또 그런가 하면 어느 새 동쪽 나라 조계산의 한 기슭이다. 석가는 어느 때 사람이고, 임제는 어느 때 사람이며, 무비는 어느 때 사람인가. 스승은 어디 있고 제자는 어디 갔는가. 그들 선지식은 모두 같은 자리 같은 시간에 있다. 한 큰 지혜가 우유죽을 마시는 자리에서, 또 한 지혜가 30대의 매질을 감당하고, 또 한 지혜가 소채를 가꾸고, 또 한 지혜가 바보처럼 그렇게 간다. 아홉 구비의 진정한 주인공은 바다 같은 의문과 금강석 같은 수행력과 전광석화 같은 깨달음 이외의 다른 것이 아닐 터이고, 오도의 노래는 그 마디마디의 기념이다. 그 지혜와 한몸이 되어 있는 이 글은 그 원융한 빛에 의해 강하와 마을을 삼키는 중천의 만월을 닮았고, 그 오롯하고 청정한 솟아오름에 의해 비원 하나를 온전히 떠받아 줄 연꽃과 겨룬다.

나는 어떤 인연으로 이 글을 남보다 먼저 읽게 된 것을 큰 행운으로 여기며, 전전해 온 생 가운데 어느 생에서 적어도 한 번은 공덕을 쌓은 적이 있기 때문이라고 자부하기까지 한다. 미욱하고 근기 없는 내 마음이 이러할진대, 저 달빛에 삼켜지고 저 연꽃 수레에 실려 갈 대중들이 모두 복되지 않을 수 없다.

불기 2552년 초봄
황현산 삼가 씀

책을 내면서

"이런 사랑법도 있지 않을는지요, 스님."

내 책상 한 귀퉁이에는 능금 한 알이 놓여 있다. 방에 들어 그 생물을 대한 이는 한결같이 그 앙증맞은 크기와 고운 빛깔에 놀란다. 나는 모르는 체하고 웃기만 한다. 그것은 능금의 몸을 스친 명암이 다른 햇살의 흔적까지 살린, 실물보다 더 공교하게 만들어진 가짜 능금이기 때문이다. 그러나 오랜 세월 동안 내가 그 가짜 능금을 버리지 못하고 있는 것은 그것에 나 있는 조카 태균의 능금보다 더 이쁜 이빨 자국 때문이다. 오래 전, 이제는 다 커서 수염이 굼실거리게 난 조카아이가 따박걸음을 걸을 적에, 그것을 보자마자 책상 위로 기어올라가 냉큼 깨물어 내놓은 자국이다. 나는 그 아이가 말도 못하는 시절에 남긴 그 흔적에 오래 붙들려 있다. 그리고 그 이빨 자국을 볼 때마다 그 아이가 아직 말(글)을 얻기 전의 그 몽매하고도 무구한 때를 떠올린다.

몰랐다. 십여 년 넘도록 스님들을 만나 말씀을 듣는 세월 보내면서 내가 울울한 심회를 삭이지 못하고 있었던 줄을. 들끓어오르는 그 불순한 감회를 표현하고 싶었으나 달리 어쩌지 못하고 끙끙거리며 지냈던 줄을. 산문을 드나들면서 비로소 만나게 된 불법의 오묘한 세계에 취하고, 구경지究

竟地에 이를 그 날을 위해 참담하도록 애쓰시는 수행자들을 보면서 품게 된 감흥이 작지 않았음을 나도 몰랐었다. 만월만 아름다운 것이랴, 만월을 향해 비껴든 언월도偃月刀 같은, 번번이 쨍, 하는 쇳소리를 들려주는 저 초승달도 아름다워 나는 몸을 떨었다. 스님들이 들려주시는 말씀만 법음이었을 것인가. 철 따라 전변하는 산천의 경개 또한 수승하기 짝이 없는 무설 법문이었다. 그 적막한 길 위에서 나는 자주 울었다.

  이 책에 실린 글들은 대부분이 연전에 계간 시문학 잡지「포에지」에 '선시를 읽다'라는 제목으로 발표되었던 것들이다. 잡지가 종간되면서 이후로 글은 대중과 소통할 길을 잃고 창고 속에 갇히고 말았으나, 신열이 나도록 몰두하면서 이 글들을 쓰는 동안에 겪은 불행과 행복이 이후로도 나를 오래도록 붙들어 마치 '슬프게 술 취한' 사람 같은 나날을 보내게 하였다. 결과물의 성취도에 상관 없이 그 때에 글을 적는 내 마음이 그렇게 절절했었다. 글을 적기 위해 불 꺼질 줄 모르는 선방 앞에서 함께 밤을 도와 행선을 하고, 길이 막히어 열 시간쯤 차 속에 갇히는 수고조차 그래서 괴로움이 될 수가 없었다. 선사들이 남긴 수많은 시와 어록들을 찾아 읽고 그 시와 일화들의 여백이 주는 감흥에 흠뻑 취한 나날들이기는 했다. 그러나 내가 한 일이란 수많은 어록들의 죽비와도 같은 경책에 소스라치고, 그리고 절집에 전해지는, 그 경책을 형상화할 사실들을 그러모아 재구성한 것에 지나지 않았을 따름이다. 선심시심禪心詩心, 어쩌자고 오늘에 이르기까지 끼고 있는 시집들을 다시 펼쳐 읽으니 새롭게 짚이는 바 또한 없지 않았다.

그러나, 그렇다 한들, 나의 수고란 실수實修를 겸하지 않는 자의 한심한 갈짓자 문자 놀음이 될 수밖에 없을 것이다. 이 글들을 적기 위해 취재를 하고, (글에 실린 이야기들은 거개가 실명자의 실제로 있었던 일을 소재로 삼은 것들이다) 다각실에서 들은 한담 한 자락에 느꺼운 바가 있어서 그것을 형상화해 보려고 아무리 애써 주변 정황을 살피었다 하더라도 그렇지, 글과 함께 실린 조사들의 게송이나 현대시들은 그저 아득한 깨우침의 세계를 짐작할 의심의 실마리로 삼아 볼 장치에 지나지 않을 터였다. 그러니 그 오독 또는 오역의 죄를 어찌할지.

그 무렵에 이런 글을 적노라고 말씀드렸다가 은사 스님으로부터 모진 꾸지람을 들었다. "가당한 일이 아니다. 선시를 어찌 헤아리고 그에 관한 글을 쓰신단 말인가!" 백 번 고쳐 들어도 마땅한 걱정이었다. 깨달음의 세계에 관한 발설이라니! 그러나 엎드려 울면서도 못내 불복하고는 속으로 삼킨 말은 이런 것이었다. "이런 사랑법도 있지 않은는지요, 스님." 그러나, 그 감흥이 내게 아무리 곡진한 것이었다 하더라도 그것만으로 양해받을 수는 없는 것임을 모르지 않는다. 지나친 말은 모자란 말에 미치지 못할 터였다. 이 책에 실린 글들은 내게 잇바디 자국이 선명한 '가짜 능금'을 불러일으키는, 말은 얻지 못했으나 그 때의 순정한 마음 한 자락을 떠올리게 하는, 그러나 얻었다 여긴 말(글)조차 버려야 할 것임을 삼가 떠올려 주기는 할 것이다.

모자라도 한참 모자란 바닥임에도 어찌 여기시고 그토록 귀한 공간을 베풀어 주셨던지, 황현산 선생님께 엎드려 절한다. 또한 도와 주시겠다며

턱없는 부추김으로 글을 쓰게 하고, 그리고 쓴소리와 함께 글의 갈피를 세세이 살펴 주셨던 원철 스님, 이 부족한 책을 위해 귀한 작품들을 흔연히 보태 주신 종림 스님께 머리 숙여 절한다. 누가 읽기나 할 것이라고, 터무니없는 열정뿐인 이 새퉁맞은 글들을 책으로 내주신 도서출판 호미의 호의에도 고맙고 부끄러운 마음 그지없다.

2008년 5월, 목단꽃 향기 아득한 때,
김영옥 삼가 합장

차례

추천의 글
하나인 지혜의 노래 | 황현산 _5
책을 내면서
"이런 사랑법도 있지 않을는지요, 스님." _8

체로금풍 體露金風
지는 꽃을 따라 돌아오다 _18
진중 珍重 _25
눈 감으면 일천 봉우리에 _30

출세간
어둠의 경계에서 빛의 경계로 _38
예 올리던 마음만 남은 자리 _42
이불은 이불 離佛이라 _47

쇠북 소리 듣는 이 놈

그대는 올 여름에 _ 56

눈썹은 온 우주를 가로지르고 _ 59

초승달도 눈부시다! _ 65

마당에는 빨래 마르고

홍련이 집에 들면 _ 74

홀로 벗어나 내 앞에 서 보라 _ 77

집에 든 꿩 한 마리 _ 83

오대산에는 문수가 없다

저 모든 산의 눈을 다 밟은 뒤에 _ 92

섣달 스무닷새 _ 97

땅에는 별꽃 _ 102

촉목보리 觸目菩提

매화나무는 '만든다' _ 112

옛 사람도 이렇게 가고 _ 116

풀 한 줄기로 지은 절 _ 121

죽 끓일 때는 죽만 끓인다

저 구름같이 환한 계단 _ 130

밭두렁에 편 좌복 _ 134

내생에 비구 되면 무엇 하나 _ 137

달빛 기행

오뉘탑과 괭이밥 _ 144

지리산 종이학 _ 148

달이 좋아 창주 땅을 그냥 지나치다 _ 153

알려고 하는 자에게만 비밀을 _ 158

도사린 어부마다 낚싯대 지니었네

벽도 지붕도 사라진 듯 _ 166

한 등燈이 일천 등을 켜니 _ 172

쌀이 익었느냐 _ 177

체로금풍
體露金風

음력 섣달 열여드레,

보름달이 제 몸을 허물어 이지러지기 시작할 때,

장수 스님은 입적했다. 속랍 78세. 차고 맑은 날이었다.

그이가 이승에 남긴 것은 입은 옷말고는,

입적 전날 섬돌 위에 벗어 두었으나 다시는

신을 일 없어진 때 묻은 고무신 한 켤레뿐이라

할 만했다.

지는 꽃을 따라 돌아오다

산사의 하루는 법당 어간문의 섬돌 앞에서 시작된다.
또르르 똑 똑 똑….

이 제자가 지금 여기 한 몸 가운데
다함 없는 몸을 곧 나투옵나니
나의 이 몸 삼보님 앞 두루하여서
낱낱 분께 셀 수 없이 절하오리라.
'보례 진언'

목탁 소리는 단순하나 맑고도 따뜻하다.

관음보살 대비주께 절하옵나니 / 그 원력이 넓고 크신 거룩한 몸은 / 일천 팔로 중생을 감싸 주시고 / (…) / 온갖 바람 모두 빨리 이뤄 주시고 / 모든 죄업 남김 없이 길이 없애며 / (…) / 번뇌 티끌 씻어 내고 고해 건너서 / (…) / 대비하신 관세음께 귀의하노니 / 반야배에 어서 빨리 올라지이다… 고통 바다 어서 빨리… 열반산에 어서 빨리… 무위의 집 어서 빨리…. (「천수경」 중)

잠 끝이 상기 남아 있던 행자의 도량석은 어간문을 떠나 도량을 가로지르고, 요사채를 돌아 쌍탑과 범종각이 놓인 도량으로 그이의 발걸음을 따라 이어지면서 점점 아물어진다. 오늘도 공양주 보살이 행자의 뒤를 몇 걸음 떨어져 함께 도는 모양이다. 행자의 독경 소리와 목탁 소리 하나, 소리는 둘이나 삼라만상을 어루만져 무명의 어둠을 깨우려는 마음은 하나이다.

캄캄한 방, 곱게 물든 방 밖의 느티나무, 그러나 벌써 잎이 지기 시작했다. 이 신새벽에 땅을 긁는 마른 낙엽 소리는 차고도 스산하다. 고통 바다 어서 빨리, 무위無爲의 집 어서 빨리…. 이불깃을 끌어올리며 장수 스님은 그 소리를 새긴다. 일흔을 훌쩍 넘긴 나이, 이대로 잦아진들 아쉬울 것은 없었다. 그러나 돌이킬 수 없이 깊어진 육신의 병, 고스란히 겪어 내야 할 고통의 극점이 그이는 두렵다.

통증은 격렬하다 말고 제풀에 잦아진다. 휘붐해진 문창, 갈퀴같이 죄어 오던 손아귀에서 간신히 놓여난다.

이슬을 가리지 못하는 짧은 처마, 요사채 섬돌 위에 놓였던 흰 고무신이 맨발에 선뜩하다. 법당을 향해 반배 올리고 절 뒤편 솔밭으로 스며든다. 밤새 새로 쳐진 거미줄이 그이의 틈입에 거덜나고, 발에 밟히는 솔이파리가 유난히 푸근하다. 그러할 터였다. 젊은 날 치기와도 같던 청록색 솔잎은 땅에 떨어져 누렇게 되고, 그리고 종내에는 흙이 될 터였다. 그이는 오늘 아침 자신의 죽음을 본다.

하늘 아래 제일 뫼인 천왕봉이 또렷해지는 시각, 해 뜨기 직전이다. 절 옆으로 흐르는 만수천이 푸른 물안개를 피워 올려서 산과 들의 경계를 지운다.

꿈 같고 환영 같은

육십칠 년 세월이여

흰 새 날아가고 물안개 걷히니

가을물이 하늘에 닿았네

夢幻空花

六十七年

白鳥煙沒

秋水天連

천동 정각, '임종게'

    솔숲 뒤 얕은 구릉을 따라가다가 이름 없는 무덤에 이르러 우뚝 선다. 평장지경이 다 된 그것, 봉분의 곡선이 직선이 되고, 그 직선마저 사라져 땅의 무심한 기복을 따를 때, 그 곳이 무덤이었던 줄 아무도 모를 때에야 비로소 '고요하다' 할 만할 터였다. 귀근왈정歸根曰靜, 그제야 가 닿게 될 근원일 터였다. 내려다보이는 법당과 사천왕문, 석탑의 옥개석, 그것들이 하늘과 만나 이루는 선은 고요하다. 끄트머리는 한결같이 살짝 들리었으니 일탈이 분명하다. 그러나 역모의 뜻이 없으니 한번 비틀어 보임에 지나지 않는다. 평잔으로 부복하여 풍경 속에 녹아듦은 생멸불이生滅不二의 이치에 순응함이다.

    유난히 감나무가 흔한 이 곳, 이슬 내려앉은 붉은 감이 아침 햇살에 반짝인다. 남 먼저 잎 지우고 붉게 드러낸 열매, 꼭대기에 까치 보시용만 남기고 거두어지면 본체만 남게 될 터였다. 때가 그러하다. 어떤 때인가.

스님 한 사람이 운문 문언에게 물었다.
— 나뭇잎이 시들어서 떨어지면 어떻게 됩니까.
— 본디 모습이 가을 바람에 드러나느니라.〔體露金風〕

무명을 어미로 삼았던 번뇌의 이파리가 다 지고, 분별로 짓던 온갖 형상도 스러지고, 색(형상)에 끄달리던 온갖 미혹이 그치어져 고요할 때에 당체當体가 드러난다. 가을 법문의 내용이 그러하다.

못가에 홀로 앉았다가
못 밑에서 우연히 어떤 스님 만났네
잠자코 웃으며 서로 바라볼 뿐
그대는 대답할 줄 모르네

池邊獨自坐

池低偶逢僧

默默笑相視

知君語不應

진각 혜심, '그림자에게(對影)'

사람의 발길을 따돌리며 오른쪽으로 굽어진 길 끝, 그 끝에 흐름을 멈추고 고인 못 하나 있다. 산은 절로 높고(山自高) 물이 절로 깊은 줄(水自深)을 물가에 홀로 고요히 앉아 깨닫는다.

측천 무후의 부름을 받고 궁에 든 법장은 등불 하나 둘레에 열 개의 거울을 마주 세웠다. 법계의 이치는 중중무진重重無盡, 등불 하나는 저를 에워싼 거울에 되비치어 수천 수만의 수효로 되나, 연기緣起, 그것은 가운데 켜진 등불 하나로 포섭되니, 본체와 현상은 둘이 아님을 설해 보인 것이다. 물 위에 비친 나에게 웃어 보이되 웃음에 소리가 없음은, 현상과 본체가 둘이 아닌 이치를 언설로는 전할 수 없기 때문이다.

고령 신찬은 열반에 들기 직전 종을 쳐서 대중을 모아 놓고 물었다.
— 그대들은 소리 없는 삼매[無聲三昧]를 아는가.
— 모릅니다.
— [내 이를 터이니] 그대들은 딴 생각 말고 자세히 들으라.
대중들은 귀를 귀울여 들으려 하였으나 그는 조용히 입적했다.

설봉 요는 꾸짖는다.
— 너희가 그 때에 [언설로써가 아니라 다만 몸짓으로] 절 세 번을 했더라면 스승은 [죽음에서] 깨어났을 것이다.

현사 사비가 상당하여 법문을 하려 할 때에 제비 울음소리가 들려 왔다.
— [저 제비가 나 대신] 실상實相을 깊이 이야기하고 법요法要를 잘 연설하였도다.
그 말만 하고는 내려왔다.

"어제는 파출소에서? 여기 대중이 몇인데 저렇듯 괴각乖角이시니. 이곳에 머물게 한 주지 스님 낯도 안 서게시리."

"삼십 년 전 송광사 선방에서 처음 지어진 인연이래."

"지난번에는 통사정해서 주지 스님이 겨우 살게 했더니, 그 날로 공양주 보살과 대판 싸우고 사라졌잖아."

"그 뒤에 또 왔는데 주지 스님 안 계시길래 우정 빈 방 없다고 했더니 그냥 가시대. 그 다음 날 아침 예불 가다 보니 요사채 벽에 기대어 자고 있더라고. 내가 얼마나 놀랐던지."

"저 넘엣동네 '장수'가 스님 속향인데 그 곳을 짐짓 당신 법명으로 삼으셨다더군. 평생 상좌도 두어 본 적 없고, 주지 한번 살아 본 적 없이 살아오셨다니 걸릴 것 없이 살아오신 분이긴 해."

"삼일수하三日樹下만큼은 착실히 지켜 오신 분?"

"늦깎이시라지? 일제 시대 때는 일본 유학까지 다녀오셨던 모양이던데…."

"그 뒤로는 좌우 대립 등 세월이 심란했지."

"그나저나 암 중에 간암이 제일 고통스럽다는데, 쯧쯧…."

산길이 끝날 즈음 그이를 스쳐 지나던 두 스님이 나누는 얘기는 장수 스님의 귀에 들리지 않았다. 요사채를 돌아들다 주지 스님과 마주친다. 그 몸으로 어디 갔다 오십니까. 그이를 보고 멈춰 선 주지 스님이 눈으로 물었다.

장사 경잠이 어느 날 산을 돌고 와서[長沙遊山] 문 앞에 이르니 한 스님이 물었다.
- 어디를 다녀오십니까.
- 산을 돌고 온다.
- 어디까지 갔다 오셨습니까.
- 처음에는 향기로운 풀밭을 따라 나섰다가 지는 꽃을 따라 돌아왔느니라.
- 마치 봄소식 같습니다.
- 가을 이슬이 연꽃 위에 맺히는 것보다 나으리라.

천동 종각이 이를 두고 말했다.
"몸과 마음이 한결같으면 물건과 나는 일체가 된다. 산하대지를 움직여서 자기에게로 돌릴 필요도 없고 자기를 움직여서 산하대지로 돌릴 필요도 없나니, 마치 구슬에서 광채가 나는 것처럼 스스로가 스스로를 비친다. 알겠는가. 천 봉우리의 산세는 산자락 끝에서 멈추었고(千峰勢到嶽邊止), 만 가닥 물 소리는 바다에 이르러 쉬는도다(萬波聲歸海上消)."

장수 스님은 말 없이 명치 끝을 움켜쥐고 그 자리에 쓰러졌다.

진중珍重

밝은 것이 오면 밝은 것을 쳐부수고
어두운 것이 오면 어두운 것을 쳐부순다.
사방팔면으로 오면 회오리바람으로 치고
허공에서 오면 도리깨로 후려친다.
明頭來明頭打
暗頭來暗頭打
四方八面來旋風打
虛空來連架打
진주 보화, (무제)

    요령을 흔들며 평생 걸식으로 떠돌던 진주 보화는 어느 날 사람들에게 장삼을 시주하라 했으나 막상 주니 싫다 했다. 이 소리를 들은 임제가 관 하나를 마련해 주자, 비로소 '장삼' 하나를 얻었노라며 오늘 동문에서 떠나겠다고 했다. 사람들이 몰려들자 내일 남문에서 떠나겠다고 했다. 말을 바꾸는 그이의 뒤를 따르는 사람이 없게 된 사흘째 되는 날, 그이는 스스로 관 속으로 들어가 행인에게 못을 치게 했다. 몰려든 사람들이 그이의 관을 열었으나 있어야 할 몸은 보이지 않고〔全身脫去〕 공중에 요령 소리만 은은하였다.

흰 구름 모두 사고 맑은 바람 팔았더니
살림살이 모두 버려 뱃속까지 가난하네
한 칸 초가집만 겨우 남겨 두었으나
길 떠나며 그 집마저 불에 던져 태우노라
白雲買了賣淸風
散盡家私徹骨窮
留得一間茅草屋
臨行付與丙丁童

<small>석옥 청공, '세상을 하직하며(辭世頌)' 중</small>

  음력 섣달 열여드레, 보름달이 제 몸을 허물어 이지러지기 시작할 때, 장수 스님은 입적했다. 속랍 78세. 차고 맑은 날이었다. 그이가 이승에 남긴 것은 입은 옷말고는, 입적 전날 섬돌 위에 벗어 두었으나 다시는 신을 일 없어진 때 묻은 고무신 한 켤레뿐이라 할 만했다.
  장례 절차에 밝은 인례引禮 스님 한 분 모셔 오고, 인연에 매정하지 않을 만한 스님들에게 부고 띄우고, 상여틀 들여와 정성껏 장엄莊嚴하고, 다비에 필요한 화목火木 챙기고, 다비장터의 꽝꽝 언 땅도 손보아야 하니, 원주 스님을 비롯하여 온 대중은 황망히 돌아쳤다.
  "몸엣 털을 거두어 줌은 무명을 여의게 함이요, 향나무 우려낸 물로 몸을 닦아 줌은 본래 청정의 자리 드러내어 해탈하게 함이라. 속옷을 입힘은 안으로 여섯 문(六根)을 보살펴 밖의 티끌 경계가 마음 빛 밖이 아님을 통달케 함이요, 겉옷을 입힘은 여래의 인욕의 옷을 입혀 줌이라. 몸을 관에 들임은 니르바나(열반)에 들도록 함"(학담 편역 「연화 의식집」)이니,

마지막 단장 끝낸 장수 스님만 혼자 한가하다.

　결제 중이던 백장암 선방 대중들도 잠깐 방선放禪을 하고 큰절로 내려와 예를 갖추고, 승속을 막론하고 이즈음은 상여 나가는 일도 귀해져서 구경 삼아 인근 마을 사람도 여럿 모였다. 진돗개 법달法達이마저 펄럭이는 스님의 장삼자락 따라 이리저리 내달으니, 산중에 때 아닌 법석이었다.

　선망先亡 장수 스님은 청정하온 이 도량에 내려오소서.

　　가을 못에 밝은 달 내리비치어
　　계수나무 그림자 차가웁도다
　　몇 번 울린 요령과 목탁 소리가
　　깨달음의 밝은 길을 열어 주나니
　　잠시나마 진계眞界를 하직하고서
　　향기로운 법단에 내려오소서

　관이 들리었다. 극락 세계 아미타불께 절하고 떠나는 길, 첫걸음 떼어 놓는 그 곳은 처음 보리심을 내는 곳이자 구경 열반처이고(「화엄경」 '범행품'), 다비장까지의 걸음걸음은 해탈을 위한 수행과 정진의 과정이 된다. 서른 개가 넘는 백, 황, 홍의 만장, 요령과 목탁 소리에 실리는 미타 염불이 그 길을 격려한다.

　"붉은 해는 반드시 서쪽으로 지는데 / 혼령은 어디 가는지 알지 못하네." 상여를 뒤따르던 반산 보적은 선소리꾼의 이 한 마디에 깨쳐 버리고 말았다.

장자는 아내가 죽자 질동이를 두드리며 노래를 불렀다. "죽음이란 봄 가을 겨울 여름이 서로 갈마들어 사시四時가 운행하는 것과 같은 이치 이니, 천지라는 거대한 방에서 잠들게 된 것이므로 울 까닭이 없기 때문"이었다. 그이가 임종에 이르자 성대한 장례식을 치르려는 제자들에게 "나는 천지를 관곽棺槨으로 삼고, 해와 달을 귀중한 도리옥으로 삼고, 별들을 진주와 구슬로 삼고, 만물을 장례에 쓰는 갖가지 물건으로 삼을 것이다. 내 장례 도구는 (이로써) 갖추어진 셈이 아니겠는가." 하고 말했다.

환귀본처還歸本處의 길, 그러나 염불 소리는 처연하고 상여를 장엄한 종이 연꽃은 너무 고와서 부산서 소식 듣고 달려온 두 보살의 눈은 붉게 젖었다.

"어디서든 죽으면 이 곳으로 데려다 달라시더니…. 이렇게 따뜻하게 보내 주실 줄 알고…."

> 날 때는 한 가닥 맑은 바람이 일고
> 죽어 가매 맑은 못에 달 그림자 잠겼네
> 生時一陣淸風起
> 滅去澄潭月影沈
> 나옹 혜근, '스승 지공指空의 입적 날에' 중

나옹은 스승의 천화遷化를 당하여 시를 지어 올렸다. "이 불효자는 가진 물건이 없나니, 여기 차 한 잔과 향 한 대를 올립니다." 나옹이 글의 말미에 보인 것은 단심丹心이 아니라 피붙이를 여의는 듯한 속정俗情이었을 터였다. 운문 또한 "비록 훤히 깨달은 구름 밖의 나그네라 할지라도, 스님의 책상 물병 볼 때마다 새삼 눈물 흘립니다" 하고 조주의 죽음을 슬퍼했다.

거화擧火.
깊고 그윽하여 나고 사라짐에 상관 없는 곳, 불을 들어 비추면 볼 수 있으니, "내 이제 한 자루 불을 가져다 그대 위해 빛을 보태 주리라."(진각 혜심)

하화下火.
속 빈 푸른 대나무 끝 솜뭉치에 불 붙인다. 차가운 땅에 올려 쌓은 나무 더미에 불이 옮아간다. 지수화풍地水火風의 사대四大 인연 지어져 된 육신은 실체가 아니므로, 몸을 불에 태워도 흩어지는 바가 없다. 몸을 태우는 불은 삼독三毒의 불이 아니라, 부처님의 등불 하나 삼매三昧의 불이니, 그것은 환하여 삼계(三際)를 비칠 만하고, 시방十方을 꿰뚫을 만한 것이다.

오늘 아침은 섣달 보름날인데
그대 찬 땅에 앉아 있음 불쌍히 여겨
화장하는 섶 위에 들어올리니
연기와 불이 없는 곳으로 가라
今朝臘月望
怜君冷地坐

拈上死柴頭
日向無煙火

진각 혜심

불길이 완전히 사그라진 것은 다음 날 오후였다. 밤새 대중들은 번을 갈아 불길을 지켰다.

잦아지는 불길 옆에서 주지 도법 스님은 목에 바람 드는 줄도 알지 못하고 한참을 서성거렸다. 그리고 말했다.

오래 서서 내 잔소리 많이 들었소(久立).

편히 쉬시오(珍重).

눈 감으면 일천 봉우리에

내 무덤, 푸르고
푸르러져
그 푸르름 속에 함몰되어
아득히 그 흔적조차 없어졌을 때,
그 때 비로소
개울들 늘 이쁜 물소리로 가득하고
길들 모두 명상의 침묵으로 가득하리니,

> 그 때 비로소
> 삶 속의 죽음의 길 혹은 죽음 속의 삶의 길
> 새로 하나 트이지 않겠는가.
>
> 최승자, '미망未忘 혹은 비망備忘 8'

숲 사이 뚫린 외길처럼 한가지로 돌아가는 길, 무릇 변치 않고 항상하는 것은 없다(無常) 했다. 자신의 입적을 알리니, 아직 애욕을 여의지 못하여 "팔을 벌리고 울며, 부서진 바윗돌처럼 땅바닥에 뒹굴며" 슬퍼하는 사람들에게 부처가 마지막으로 남긴 말이 그러하다.

극락전을 외호外護하는 바깥 담장 아래로 한 줄기 물 흐른다. 비롯됨은 알 수 없이 흐름만 있는 것, 만수천에 몸을 섞어 흘러갈 저것이 마지막에 이르는 곳은 바다일 터였다. 이 개울물, 그 골짝물, 저 강은 거기에서 모두 제 이름 놓아 버리고 '바다' 이름 하나로 된다. 이 오죽잖은 물가, 젖은 땅에 뿌리박은 채 작은 꽃 피운 것들 있다.

여뀌!

심중에 차마 잊을까 두려운 것 있는지 아리게 대가 붉은 저것. 하늘 아래 펼쳐 보이기 무안한 것 있는지 부끄럽게 꽃술 붉힌 저것.

가을꽃이 영롱함은 낮은 데로 흐르는 찬 물 소리 때문이다. 물가 젖은 땅에서 피는 것이 더욱 애잔함은 낮밤을 가리지 않고 듣는 무상無常 법문 때문이다.

절을 나와 약수암 쪽으로 가다 그 길 버린다. 단으로 묶이어 세워져 있는 들깨 밭과, 붉은 열매 단 산수유 무리지어 있는 사이로 들어선다. 창조創組 홍척의 제자였던 편운이 두엇 범승凡僧의 부도와 함께 천 년 넘는 세월 동안 바람에 제 몸 말리며 서 있는 곳이다.

> 바람은 산 밖으로 종 소리를 보내고
> 구름과 안개는 얕은 물을 건너네
> 종 소리 잦아진 곳 알고 싶은가
> 새의 모습 사라진 곳, 저 하늘 끝이네
> 風送出山鐘
> 雲霞度水淺
> 欲知聲盡處
> 鳥滅寥天遠
>
> 전기, '먼 산 종 소리(遠山鐘)'

몸뚱이를 이루는 낱낱은 불변하는 것이나 인연으로 말미암아 합쳐지면 남(生)이요, 홀연히 흩어지면 스러짐(滅)이다. 머리카락, 손톱, 이빨, 뼈, 근육 따위의 색色은 모두 흙(地)으로 돌아가고, 침, 눈물, 콧물, 대소변 따위는 모두 물(水)로 돌아가고, 따뜻한 기운은 불(火)로 돌아가고, 움직임은 바람(風)으로 돌아간다. 그리하여 망신妄身은 텅 비게(空) 되니, 지수화풍 네 가지 불변의 요소(四大)와 함께 세상 모든 형상의 기초인 오륜五輪이 된다.

부도가 땅과 만나는 기단부는 땅이요, 그 위의 둥근 몸돌은 물이요, 몸돌을 덮는 지붕돌은 불이 되며, 공空의 뜻인 맨 꼭대기의 연 봉오리와 지붕돌을 잇는 앙화仰花는 바람의 상징이다.

출가승이 입적하면 불로써 다비하되, 종내 타지 않고 남는 것은 불 붙인 향 한 대로써 구멍을 낸 한지로 체를 치는데, 그런 뒤로도 남는 것은 암키와와 수키와 사이에 넣고 빻는다. 그리고 가루로 된 그것을 동서남북 네 방위와 가운데 중中 자로 날려 보낸다. 한 줌 재로 남는 것을 사방에 흩뿌려 그 자취마저 없앰은, 비롯된 곳으로 다시 돌려 보내는 의식의 뜻이 된다.

　때로는 한 줌 가루로 남은 것을 찰밥에 섞어 뿌리어 새의 먹이로 공양하기도 하고, 또는 물 속에 들어 수중 목숨의 먹이가 됨을 자청하기도 한다. 가는 사람의 뜻이 이토록 갸륵했거니와, 천 년 넘어 부지될 바위 속에 유골을 간직함도 남아 있는 사람의 따뜻한 마음이라 할 만한 것이다. 임종에 이른 육조 혜능이 "세속의 인정으로 슬피 울거나, 사람들의 조문과 돈과 비단도 받지 말며, 심지어 상복마저 입지 말라" 했던 것도 문인門人들의 애통한 마음을 앞서 헤아려 당부한 것은 아니었던지. 열반하신 지 이레 뒤에 나타나 스승의 몸을 친견코자 한 가섭에게, 오백 겹 천으로 감싸여 무쇠관, 나무곽 속에 있던 스승이 두 발을 내밀어 보여 주심〔槨示雙趺〕도 이심전심以心傳心의 이치를 깨우쳐 주시려 한 것이 아니라, 먼 길 황망히 되짚어 온 제자의 비통한 마음을 다독거려 주려는 속정俗情에서 그리 하신 것은 아니었던지.

　쪼오, 쪼오오….

　비끼는 저녁 햇살, 땅에 뿌리박은 것들이 저마다 제 그림자를 드러내면서 땅에는 오스스 소름이 돋아난다. 속잎은 머뭇머뭇 애처롭게 푸르나 겉잎은 이미 땅과 동색인 풀밭, 생사가 한몸임을 보여 주는 그 곳에 산새

한 마리 먼저 와 있던 줄 알지 못했다. 문득 보이더니 자취 없이 날아가고 만다. 새가 가볍게 땅을 박차고 떠난 자리는 텅 비고도 환하였다. 허명지虛明地, 마음의 근본자리, 생멸마저 멸해 버린 적멸의 자리.

하루 중 해의 행보는 저녁때가 가장 날래다.

눈 감으면 일천 봉우리엔 저녁이 오고
인간의 만 가지 생각은 다 사라져갔네
暝目千嶂夕
人間萬慮空
대우 양관, '잠시' 중

[보태는 이야기]
장수 스님이 입적하고 세 해가 지난 이른 봄, 실상사 수월암 옆에는 장수 스님의 부도가 세워졌다. 다비 후 수습된 유골은 삼년상이 끝나기까지 그 때에 주지 소임을 보던 도법 스님 방에 함께 머물다가 그 속에 안장되었다. 부도는 '조촐한 크기'를 살짝 넘기는 것이어서, 장수 스님은 천 년 도량에 지어진 새 물내 나는 돌집에 들기 전에 한 번쯤 멋쩍게 웃었을 듯했다.

출세간

끝물 접시꽃마저 아주 시들고 말 무렵,
소녀의 젖가슴처럼 수줍게 부풀어 올랐던 흰꽃 떨어진 자리에
황금색 탱자가 열리고, 추라도 드리운 듯 가을 물 검푸르게
저 혼자 고요해질 무렵, 도림은 참나무골 지나,
고두래미들 지나, 제 집으로 이르는 길, 뒷들 장들은 버리고,
각시소, 해동소 깊은 물을 지나, 신배나무골과 양시낭골
사이에 숨어 앉은 청암사로 올라갔다. 그리고 다시 마을로
내려가지 않았다.

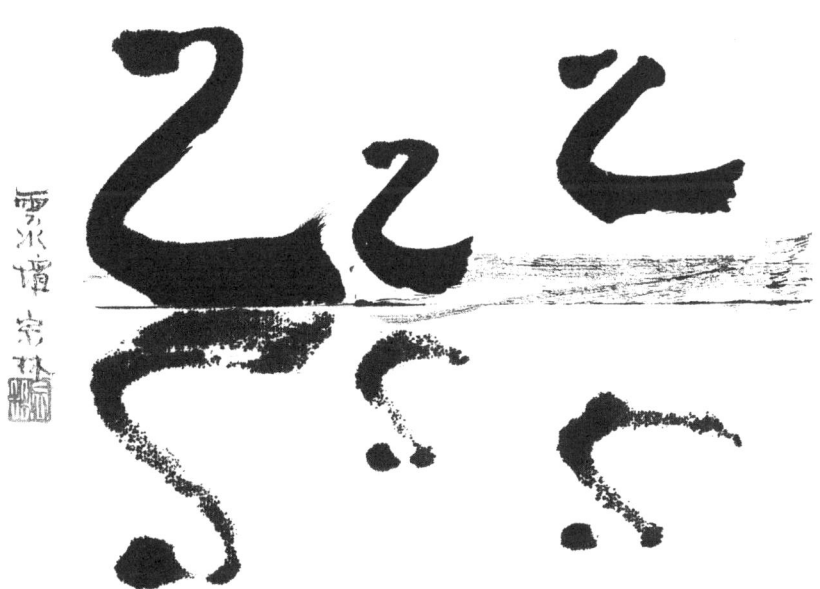

어둠의 경계에서 빛의 경계로

　네란자나 강 가의 숲, '고독孤獨 행자'는 거의 알몸이었다. 예의도 허식이다. 하루 한 끼니만 먹기를 반 달 동안 지속했다. 생쌀, 풀의 열매, 저절로 떨어진 과일만 먹었다. 시체를 쌌던 헝겊, 내다 버린 누더기를 이어서 만든 옷, 나무 껍질 옷, 사람의 머리카락이나 말의 갈기, 부엉이의 깃털로 만든 옷으로 몸을 가렸다. 수염이나 머리카락을 뽑는 식의 고행, 서 있을 뿐 앉지 않거나, 웅크린 몸을 펴지 않거나, 가시 돋힌 자리에 눕는 식의 고행이었다. 산이나 숲에서 홀로 수행하되, 소 치는 목동까지 피해 다녔다. 항상 숲에서 살면서, 묘지의 백골을 자리 삼아 쉬었다. 숨을 고르다가 아예 숨을 끊어 가며 삼매에 들고자 했다. 콩즙만 조금 먹기를 여러 차례, 몸은 팔십 노인 같이 되어 일어서려면 두 손 두 발로 기어야 했다. 눈은 움푹 패이고, 가슴뼈와 핏줄이 결가부좌한 그의 몸 살갗 위로 두드러졌다.(「마하시하나다 경」 중)

　마음은 본디 누가 없는 것이나 몸이 그것을 더럽히니, 그 몸에 맞서는 싸움, 육 년 세월 동안 그렇게 자신을 몰아세우던 어느 날이었다. 그이는 목욕을 하다가 나무 여신이 내민 나뭇가지를 붙잡고 강 기슭으로 간신히 올라왔다. 마을 장자의 딸인 수자타는 첫아들을 낳고 감사 공양을 올리려 했던 바, 그이가 나무 신인 줄 알고 우유죽을 끓여 바쳤다.

　그이는 여섯 해 고행을 멈추었다. 극단의 고행으로 맞서 보려 했던 색

수상행식의 경계, 그것은 저속하고 무익한 것이었다. 물길을 헤쳐 나가게 하는 노나 키가 숲 속에서는 아무 쓸모가 없듯이, 맹목적인 고행은 올바르게 길을 찾는 방법이 아니었다. 자신의 주인됨을 지키고, 또 그런 방법으로 사람들에게 가르침을 베풀어야 했다. '사람이 주인 되는 방법'이라야 했다.

우유죽으로 기운을 차린 그이는 보리수 나무 아래서, 풀 한 묶음을 깔고 앉았다. 번뇌를 멸하고, 의혹을 벗어나는 길을 찾지 못한다면 이 자리에서 죽으리라. 악마가 명상에 잠긴 그이를 괴롭혔다. 바람을 일으키고, 비를 내리고, 뜨거운 숯덩이를 던져 그이를 위협했다. 슬픔에 지쳐 홀로 앉아 있는가. 네가 버린 부귀를 다시 찾으려는가. 마을 사람들을 다시 못볼 죄라도 지었는가. 악마는 속삭였다. 그러나 그이는 말했다. 내 마음은 고요하도다.(「니다나 카타」) 그이를 괴롭힌 것은 악마가 아니었을 터였다. 제 마음이 지어낸 갖가지 상이었을 것이다. 욕망과 혐오와 기갈과 갈애, 그리고 나태와 공포와 의혹과 집착이었을 터였다.

그이의 주위를 맴돌던 악마가 어느 순간 문득 땅에 엎드렸다. 땅이 흔들리고, 해와 달도 빛을 잃을 만큼 천지가 환해졌다. 2월 8일 새벽, 하늘에 샛별이 반짝이고 있었다. 그이의 마음을 짓누르던 안개가 한순간에 개이면서 환해졌던 것이다. 무우수無憂樹 나무 아래서 태어난 그이가, 네란자나 강에서 나뭇가지를 붙들고 살아나온 그이가, 종내에는 사라수 나무 아래서 열반에 들거니와, 깨침을 얻은 곳은 보리수 나무 아래서였다. 성도成道, 어둠의 경계에서 빛의 경계로 나온 것이다. 어둠은 물리칠 바가 아니고, 빛으로 밝혀야 할 바였다.

하늘에 샛별이 가장 맑게 빛날 때, 부처가 성도한 시각, 하루 중 정기가 가장 충일한 이 때에 그이의 제자들은 하루를 연다. 도량석, 낮게 시작하여 올렸다 내리기를 세 차례, 그렇게 시작되는 목탁 소리는 '물뿌림'의 의식이다. 죽림정사에 머물던 부처가 기근과 질병으로 고통받는 바이샬리 나라로 초대받으니, 그 땅을 밟자마자 질병은 기운을 잃었다. 성벽을 도는 부처의 뒤를 따르며, 아난은 「보경」을 외고, 발우에 담은 맑은 물을 흩뿌렸던 것이다.

동방에 물을 뿌려 도량을 청결히 하고
남방에 물을 뿌려 청량함을 얻으며
서방에 물을 뿌려 정토를 이루고
북방에 물을 뿌려 길이 평안하리니
一灑東方潔道場
二灑南方得淸凉
三灑西方俱淨土
四灑北方永安康

'사방찬四方讚' 중

밤에 나와 놀던 이 산의 주인들, 목탁 소리 듣고 두꺼비와 뱀은 제 집으로 물러간다. "이제 도량은 깨끗하여 티끌만큼의 더러움도 없나니, 불법승 삼보와 천룡(호법 신장)은 이 땅에 내려오소서."('도량찬' 중)

산 아래, 절은 아주 깨어났다. 육화료 학인들도, 계곡 저편 극락전 화엄반 학인들도 모두 가사 장삼 수하고 다리를 건너와 대웅전 법당에, 그리고 이층 정법루 누각에 가지런히 줄 맞춰 앉는다. 좌복 위 절 세 번, 그리고 입정入定. 한 생각 마음이 쉴 때를 보리수라 하고, 한 생각 마음이 쉬지 못할 때를 무명수無明樹라 했다. 원정방포圓頂方袍 단정한 몸으로 한 생각 마음을 고루어 부처에 예 올릴 채비를 한다. 어간문으로 주지 스님 들어선다.

> 지극한 마음으로 목숨 다해 예 올립니다.
> 삼계三界의 길잡이시고 사생四生의 자애로운 아버지
> 우리의 근본 스승이신 석가모니 부처님께
> 시방삼세 제석천의 그물망과 같이 [많은] 땅과 바다에
> 늘 머무시는 일체 불보님께, 일체 법보님께···.

선창자가 앞서 예불을 이끌면 그에 따라 합송이 이루어지고, 선창자의 가락은 합송의 가락을 덮으며 아름다운 소리 베를 짠다. "오직 원하옵건대 한량 없는 삼보시여, 큰 자비심으로 저희 정례頂禮를 받으시고 그윽한 연기(향)와 같이 도우사, 온 법계의 모든 중생들, 나와 남이 일시에 불도를 이룰 수 있게 하소서."

물고기의 비늘과 같은 중국의 어산魚山에서 범천이 땅으로 내려 보낸 가락, 천상의 그 가락에 화답하는 이 새벽의 음성 공양.

예 올리던 마음만 남은 자리

눈에 띄게 해가 짧아졌다.

엎드리고 들어가면 몸 하나를 온전히 숨길 만큼 큰 공양간 아궁이에 지피는 불이 날마다 조금씩 더 환해진다. 맑은 물로 무쇠솥 안을 부셔 내고, 아궁이에 불을 지핀다. 솔갈비를 밑 놓아 일으킨 불은 금세 장작을 집어삼키며 괄게 타오른다. 맑게 깨어 가는 도량으로 나무 타는 냄새가 따뜻이 퍼져 간다. 불 피우기도 큰일이라, 처음에는 지켜보게만 했던 박 행자가 이젠 꽤 익숙하게 불길을 조절해 낸다.

죽은 좋은 쌀을 써야 맛있다. 밥을 지을 쌀보다 좋아야 한다. 일백 명이 훨씬 넘는 대중을 위한 조죽朝粥, 쌀 두 되를 정하게 씻어 뜨물 두 양동이 받아 둔다. 불이 약하면 죽이 묽어지니 불을 괄게 하여 십여 분 끓인다. 끓어오르면 죽을 바가지로 떠올렸다가 솥 안으로 되쏟기를 되풀이해 주어야 넘치지 않는다. 오늘은 나무가 많은가보다. 부뚜막 아래 아궁이를 지키고 앉은 박 행자더러 가래로 굵은 토막을 몇 개 집어 내라 이른다. 솥 안의 쌀알 익히기, 불 조절하기, 내 마음의 거문고 줄과 같다. 지나치게 조이면 줄이 끊어지고, 지나치게 느슨하면 소리를 내지 못한다.

달구어진 솥 안으로 구름처럼 피어올랐던 거품이 차츰 자잘해진다. 저 고운 거품에 아차 혼이 팔리면 죽이 되어진다. 죽은 양이 팔 부쯤으로 줄면 다 쑤어진 것이다.

"큰 양푼에 옮겨 수각에 담가 한 김 내야지. 그래야 쌀알이 퍼지지 않는다."

어른 스님은 말할 것도 없겠으나, 공양간에서는 상上공양주 스님이 스승이다. 박 행자는 원주 스님보다 말이 없는 이 상공양주 스님이 더 무섭다. 그 해 겨울 섣달 그믐날 밤까지 그러했다. 그 날, 불기도 없는 법당에 혼자 앉아 기도를 하시기로, 그 옆에서 함께 일천 배 절을 올렸었다. 스님이 말했다. 절을 할 때는 소리 내며 해야 망상이 사라지는 법이다. 일천 배 절을 끝내고 나오니, 천지가 마주 붙은 듯이 눈이 내리고 있었다. 털신을 찾아 신으려 하니 얼른 눈에 띄지 않았다. 눈에 덮인 그것, 신발은 엎어져 있어 속이 젖지 않고 말짱했다. 먼저 법당을 나가신 그 스님의 그이를 위한 마음이었다.

백장 회해가 어느 날 자신을 시봉하고 있는 위산 영우에게 물었다.
— 누구냐. 〔시봉의 이름을 몰라서 물은 것이 아니다.〕
— 영우입니다. 〔이름을 대고 있지만 자신이 누구인지 알고 답하는 것이냐.〕
— 〔하는 수 없군. 자비심으로 한 번 더 물어야겠구나.〕 화로 속에 불씨가 있는지 한 번 헤쳐 보라.
— 없습니다. 〔쯧쯧.〕
백장은 일어나 손수 한참 재를 뒤적였다. 그리고 작은 불씨 하나를 찾아냈다.
— 이건 불씨가 아니더냐.
위산은 이에 문득 깨치어 스승을 향해 절을 했다.

재 속의 불씨, 스승은 아둔한 제자를 위해 '한참을' 뒤적여서 제가 품고 있으면서도 알지 못하는 작은 불씨(佛性)를 찾아서 보여 준다. 투자 대동을 아홉 번이나 찾고, 동산 양개를 세 번 찾았던 설봉 의존, 길을 찾는 마음이 그토록 오롯하였거니와, 어딜 가나 제 몸을 반두飯頭(공양주)로 낮춘 세월 끝에 대오한다.

 그 그늘 아래 이루어진 회상은 일천오백 명을 밑돈 적이 없었더라 했다.

 제 갈 길이 이 길이라면 멀리서 그 길 시작할 까닭이 없었다. 도림 스님. 우두령, 비행재 따위의 재에 둘러싸인 오지, 이십 리 산길 아래, 그이는 오가는 스님들에게 유정했던 삼거리집 딸이었다. 갈라져 왼편으로 휘어지는 길 끝에는 수도암이, 내처 뻗은 길은 솔나무 참나무 그늘에 묻히다가 청암사에 이르러 끝이 나는 곳이다. 하루에 두 번 다니는 버스를 타고 와 산 밑에 부려진 스님들이 때를 놓치면 묵어 가기도 하는 곳이었다. 단식 정진 끝에 기진한 스님이 들러서 물 한 바가지 얻어 마시고 기운을 추스른 뒤에 떠나기도 하는 곳이었다. 승속의 분별이 나기 전부터 도림에게 익숙했던 곳, 초파일이 다가오면 길 가파른 줄도 모르고 수도암으로 올라가 연등을 만들었다.

 방 안 가득 늘어놓인 꽃분홍색 주름진 연꽃잎은 한쪽 끝에 풀을 바른 다음 손끝으로 단숨에 야물게 비틀어야 한다. 그래야 꽃잎이 뾰족하게 잘 살아난다.

 "종이 연꽃은 향기가 없어요. 향기까지 나면 더 좋을 텐데…."

 "그 노릇은 늬가 하면 된다. 부처님께 절하면 늬가 향기 나는 꽃이 된다."

 아이적부터 와서 거든 일, 원주 스님에게 '인가'를 받지 않아도 될 만큼 숙수가 된 도림에게 함께 연잎을 만들던 어떤 스님이 그렇게 말했다. 무엇이 따갑게 그이를 건드리고 지나갔다.

> 그 때 고요히 바람이 불었나니
> 맑고 가난한 솔씨 하나
> 홀로 바다로 날아가
> 바다에 깊게 뿌리를 내렸나니
>
> 정호승, '해인의 바다' 중

김천시 시우면 진동.

가마목재, 도틀 넘어, 달뜨기난당 아래로 난 가래재를 넘어 대처로 나가는 길은 모두 거두고 앉은 곳이다. 상투처럼 치솟은 시루봉 아래 있던 쌍계사는 청암사와 수도암까지 거느리는 대찰이었으나, 육이오전쟁 때 불타 버리고 이제는 주춧돌만 남았다. 두어 채 사가私家와 면사무소 건물 사이, 법당을 뒤둘렀던 푸른 대밭이 오늘까지 청청한 곳, 근무지인 농협에서 백 보 남짓 걸어오면 이르는 곳, 도림은 자주 그 고요한 대밭 사이로 잠겨 들곤 했다. 다섯 간 법당터는 붉은 잎을 틔우는 상추나 푸른 열무 싹이 곱게 자라는 밭이 되어 있었다. 그 가운데 남아 있는 것은 두 송이 연꽃 무늬가 아직도 또렷한 배례석이었다. 도림은 그 위로 떨어진 솔이파리를 손으로 쓸어 내고, 말라 붙은 새똥도 긁어 내 주곤 했다. 법당에 모셔진 부처에게 예 올리던 자리, 부처도 절도 스님도 간데없고, 예 올리던 마음만 연화문으로 남은 자리.

연꽃, 꽃이 핌과 동시에 열매가 맺히는 것, 더러운 뻘탕에 뿌리박고 있으면서도 꽃은 곱고 향기로운 그것. 언제인 줄 모르게 땅에 박히었듯이 그것이 어느 사이 석불 부처님 전에 꽃 공양으로 올릴 만큼 벙글어 가는 줄 스스로는 알지 못했다.

> 한 집이 텅 비어 넓고 넓은데
> 번잡한 세상 인연 모두 끊겼네
> …
> 낮달은 처마 끝에 걸려 있고
> 서늘한 바람이 숲과 골을 흔드네
> 누가 저 스님을 따라
> 단정히 앉아 진락眞樂을 배울 건가
>
> 一室何寥廓
>
> 萬緣俱寂寞
>
> …
>
> 皓月掛簷楹
>
> 涼風動林壑
>
> 誰從彼上人
>
> 淸坐學眞樂
>
> 대감 탄연, '문수사' 중

끝물 접시꽃마저 아주 시들고 말 무렵, 소녀의 젖가슴처럼 수줍게 부풀어 올랐던 흰꽃 떨어진 자리에 황금색 탱자가 열리고, 추라도 드리운 듯 가을물 검푸르게 저 혼자 고요해질 무렵, 도림은 참나무골 지나, 고두

래미들 지나, 제 집으로 이르는 길, 뒷들 장들은 버리고, 각시소, 해동소 깊은 물을 지나, 신배나무골과 양시낭골 사이에 숨어 앉은 청암사로 올라갔다. 그리고 다시 마을로 내려가지 않았다.

이불은 이불離佛이라

눈물 뿌려 애닯게도 자주 생각 하지 마오 / 애초부터 이 한 몸은 없던 걸로 여기소서 / 깊은 숲 속 흰구름이 언제라도 벗될 게고 / 문 앞에 선 푸른 묏봉 이웃으로 삼을지니 / 그와 같이 세상 명예 이익에서 벗어나서 / 오래도록 사람 사이 애증 이별 하렵니다 / 조사들이 품은 참뜻 잠식간에 깨우치려 / 묘한 눈빛 모름지기 참된 것을 꿰뚫을지니 / 온 집안 친척들이 서로 간에 보려거든 / 마땅히 찾아들어올 바른 인과 기다리소.(동산 양개의 '출가 편지' 중)

호, 방으로 그를 맞아들인 주지 지형 스님이 눈을 동그랗게 뜨셨다. 산 아래 인이 아니냐. 스님이 삼킨 말이 그러했을 터였다.

출가.

따로이 마을을 등지게 할 것은 없었다. 제 마음을 어긋지고 뒤둥그러지게 한 것도, 부모 형제는 화순하여 그 품을 벗어나는 바깥세상에 미리 방비할 무엇이 있으리란 생각을 품게 한 적도 없었다. 마음이 그러하였다면 하고많은 절 중에 집 앞 마당과도 같았던 이 곳을 택하지도 않았을 터였다.

　산문에 들고도 일 주일은 그냥 일 없이 보낸다. 그저 저를 이 곳으로 와 닿게 한 너울이 스스로 잦아들기를 기다리게 한다. 물길이라 여겼던 것이 거품이었음이 드러나서 일 주일이 되기 전에 산 아래로 돌아가는 이도 많다. 그 기일을 넘기면 속성에 '행자' 호칭이 붙는다. 여섯 달 행자 노릇이 끝나야 비로소 머리를 깎는다. 석 달 채공 노릇과 석 달 공양간 소임, 먹는 일도 큰 일이라, 사중 대중들과 함께 삼시 예불 참예하면서 불을 지펴 밥을 짓고, 곁들이는 찬 마련으로 꼬박 하루 해가 저문다. 72번까지 숫자가 적힌 나무 댓돌 위에 흰 고무신 가지런히 놓인 대방을 지나, 큰물 뒤 흐려졌다가도 곧 스스로 맑아지는 기특한 개울물 눈여겨볼 틈도 없다. 그 개울에서 아침 세수하는 검은 새가 있는지도 모른다. 향 한 대 피워지는 해우소 안, 질러진 칸칸을 막는 문도 없지만 곁눈질을 할 틈도 없다.

　절 뒤 보리평전으로 가는 길, 그 길목이 되는 다리 아래로 흐르는 개울과, '굵은 소금' '고추장' '오래 된 막장' '지금 먹는 고추장' '새는 항아리'… 따위의 이름표를 단 장꽝 주위만 맴돌아도 하루 십만팔천 리, 틈틈이 만 배 절도 행자 기간 동안에 회향해야 한다. 절에 와 거두어야 할 첫 번째 습의, 불전에 절을 함은 공경을 뜻하니, 마음을 삼가 근신함이 경敬이요, 그 마음을 몸으로 옮기니 공恭이다. 마음으로 받드니 예禮요, 몸으로 낮추니 절(拜)이 된다. 제 속의 참된 성품을 높이 받들고, 무명의 어리석음을 몸으로 굴복시키니, 그것이 절을 하는 까닭이다.

　후원에서의 일이 끝나면 밤에는 원주 스님 모시고 「초발심자경문」, 「사미니율의」를 읽고 왼다. 염불도 익혀야 한다. 이불은 이불離佛이라,

입은 옷을 이불 삼아 잠깐 눈붙였더라도 세시면 일어나야 한다.

도량에서는 발뒤꿈치를 들고 다니되 뛰거나 떠들어서는 안 되며, 북이나 대종 칠 때 말을 하면 안 되며, 가사 장삼 수하고 말을 해도 안 되며, 소리나게 방문을 닫아서도 안 되며, 목욕탕에서 떠들거나 노래해서는 안 되며, 울력, 빨래, 청소 때 이외에는 동방아 차림이어야 하며, 널어놓았던 빨래는 저녁 예불 운집쇠 내리기 전까지 걷어야 하며, 위로 선녀탕 바위에서 아래로 사천왕문 앞까지, 다리 너머로는 채마밭을 벗어나서는 안 되며, 후미진 고봉탑으로는 셋 아닌 둘이도 들어가서는 안 되며, 각 방은 오전에는 출입이 금지되며, 한시 이후라도 소임자에게 허락을 받고 출입해야 하며, 마당 쓸 때는 개울 쪽으로 흙을 쓸어 넘겨서도 안 되며….

청규는 깍듯하나 대중들은 화애한 곳. 서기, 총무 등 소임은 학인들이 나눠 맡으니 사중 형편은 손바닥 손금 보듯이 빤하여 째이는 살림의 부담은 사중의 것이 아닌 모두의 것이 된다. 쌀 아닌 찬거리는 거의 모두 자급하니, 울력거리도 만만치 않다. 아욱, 쑥갓, 상추, 케일 등은 푸짐한 쌈거리가 되고, 콩 심어 밥에 두어 먹거나 장을 담그고, 알타리무, 열무, 배추 심어 김치 담그고, 감자, 옥수수 따위로 간식거리 삼는다. 가지, 오이, 우엉, 머위…, 장화 신고 밭이랑 누비며 씨를 묻은 스님들은 왼다. "쑥쑥 사바하." 모종 내놓고 거름 주듯 포기를 향해 다시 왼다. "잘 커 다우 사바하." 그리고 가을, 고추, 호박 거두기, 잣, 호두 따기…. 요중鬧中 공부가 정중靜中 공부보다 더 수승한 것이라 했다. 고요한 못에 비친 달빛보다 흔들리는 못에 비친 달빛이 더 찬연한 것과 같은 이치이다. 뙤약볕 아래서 땀 흘리며 몸을 놀려 거둘 바, 간경과 좌선이 놓치는 귀한 것이 있을 터였다.

버리고 또 버리기, 이 산중을 찾아들 때 들고 온 가벼운 가방처럼 홀가분히 가는 마음이 없지 않았다 여겼건만, 나날이 확인되는 것은 삼줄 같은 아상我相이었다.

꽃 두 송이를 들고 와 공양하려는 바라문 흑씨에게 부처가 일렀다.
— 버려라.
바라문이 왼손에 들고 있던 꽃 한 송이를 버렸다.
— 선인仙人아, 버려라.
바라문은 오른손에 들고 있던 꽃마저 버렸으나 부처는 또 버리라 했다.
— 세존이시여, 저는 지금 빈손으로 서 있거늘 다시 무엇을 버리라 하시나이까.
— 나는 너에게 그 꽃을 버리라 한 것이 아니다. 밖의 육진六塵과, 안의 육근六根과, 중간의 육식六識을 일시에 버려서, 더 이상 버릴 것이 없을 때라야 생사를 면하느니라.

"아는 것이 많으면 일이 많으니 뜻을 쉬는 것만 못하고, 생각이 많으면 잃는 것이 많으니 하나를 지키는 것만 못하다. 방울져 떨어지는 물도 그치지 않으면 곧 사해에 가득 찰 것이요, 한 점 티끌도 털어 내지 않으면 장차 오악五嶽을 이룰 것이다. 일곱 구멍을 잠그고 여섯 가지 뜻(六根)을 닫아서 색을 엿보지 말고 소리를 듣지 마라. 소리를 듣는 자는 귀가 멀 것이요, 색을 보는 자는 눈이 멀 것이다." (망명, '마음을 쉬게 하는 글' 중)

끝물 막불경이 고추 거두어 계곡 물에 씻고 있던 참이었다. 참 탐스럽기두 하다. 스님 한 분이 일에 팔려 흐트러진 도림의 머리카락을 수습해 주며 한 말이었다. 무심결에 던졌을 말씀, 그 순간에 도림은 콧날이 아파 왔다. 그것은 늘 딸의 탐스런 머리채를 매만져 주며 하시던 어머니의 음성이었다. 자식은 어미를 버릴지라도, 어미는 자식을 버릴 수가 없다 했다. 속수무책으로 저를 덮쳐 온 것, 고추 씻던 손을 놓고, 도림은 무릎 사이에 얼굴을 묻었다.

아버지가 도림를 찾아온 것은 이 곳에 온 지 열흘쯤 지난 뒤였다. 부녀만 남겨 둔 채 주지 스님 나가고 난 뒤, 아버지도 딸도 말이 없었다. 딸이 입을 열고 물었다. 어머니 몸은 좀 어떠신가요. '엄마'가 아닌 '어머니'라. 아버지는 차갑고 단단한 벽에 부딪친다. 심장이 약하여 집안 일을 일쑤 도와야 했던 어머니…. 아버지는 말이 없었다. 딸은 아버지의 묵묵부답 속을 읽는다. 그게 걱정되더냐. 콩댐을 한 고운 장판지, 반쯤 열린 방문이 짓는 그늘이 한 칸 장판지 절반을 건너간 뒤에 아버지와 딸은 헤어졌다. 문지방을 넘어 나가는 아비의 눈을 딸은 쳐다보지 않았다.

삭발 전날 주지 스님과 마주앉았다. 먼 길 떠날 준비는 되었느냐. 표나게 단아하였으니 다시 물을 것이 없는 아이였으나 다시 한번 받아 두어야 할 다짐이었다. 마지막 확인이다. 성긴 데 없는 밀림한 숲처럼, 미혹됨이 없이 스스로 밝은 그것을 잘 가꾸어 보려무나. 그이가 삼배 올리고 받은 법명은 도림道林이었다. 오랜 세월 동안 비구승들의 유서 깊은 강원이던 곳, 그곳이 비구니 강원으로서 새롭게 발 딛기 시작한 해였다. 도림은 청암사의 첫 비구니 행자였고, 주지 지형 스님의 두 번째 상좌가 되었다.

달포 뒤면 초파일이었다.

쇠북 소리 듣는 이놈

공덕봉을 훑어 내려온 산 기운이 차다.
맑고 정결하게 물든 석축 아래 느티나무는, 이 한 철 소임
오늘로 아주 그만이라는 듯이 잎이 지더니, 밤이 되자
바람 끝 한 점 들이지 않은 채 고요하다. 그 우듬지 위로
날선 초승달이 떠올랐다.
초승달도 눈부시다.
만월을 향해 버리고 든 칼날!

그대는 올 여름에

밭이랑은 일찍이 갈아 본 적 없고
씨라곤 뿌려 본 일 없는 이 밭뙈기
그러나 지금은 가을걷이 한창이니
절반은 청풍이요 절반은 구름이네

秦不耕兮漢不耘
钁頭邊事杳無聞
年來也有收成望
半合清風半合雲

야옹동, '노는 밭(閒田)'

지독한 안개였다.

시계 10미터. 속도를 한껏 낮춘 앞차 꽁무니에서 깜박이는 노란 안개등이 길이었다. 마주 오는 차가 쏘아 보내는 불빛 속으로 버스 기사의 굳은 어깨선이 드러났다 사라지곤 했다. 산 목숨인 듯 옷자락을 펄럭이며 훨훨훨 날아다니는 안개, 그러나 차 안은 따뜻했다. 빈 들에 무더기무더기 놓인 볏가리, 낮은 처마 밑에 두어 줄 내걸린 곶감, 동그랗게 오려 붙인 듯한 하늘의 붉은 해···. 꿈이었을까. 그것들을 보긴 한 것일까. 문경시 산북면 전두리, 깜짝 싶어 눈을 뜨니 안개는 말끔히 걷혀 있었다. 산

날망을 타고 짓쳐내려온 가을은 들판의 벼를 자빠뜨리고 이제는 찻길까지 아주 내려와 얇게 널린 나락으로 희부옇게 마르고 있었다.

버스 정거장 앞, 찻길에 맞붙은 듯이 나 있는 길갓집 마루에서는 그새 한 나절 일이 끝났는지 마을 사람 몇이 막걸리잔을 돌리고 있었다. "절까지는 한 시간쯤 걸립니다." 무리 중 한 남자가 말했다. 헐거워진 걸망 아구리를 다시 조이는 지산 스님의 어깨 너머로 햇빛에 잘 익은 남자의 목소리가 건너왔다. "어제는 나락 백오십 가마이를 졌덩이, 허리가 나가 버렸능가 봐. 통 힘을 몬 쓰네."

여름 한 철 공부가 끝나는 날에 위산 영우가 앙산 혜적에게 물었다.
– 그대는 올 여름에 무엇을 했는가.
– 밭 한 뙈기를 일구어 조 한 광주리를 심었습니다.
– 그렇다면 그대는 올 여름을 헛되이 보내지 않았군.

계율을 지키기가 그릇에 가득찬 기름 한 방울도 흘리지 않을 만큼 매끄럽다 한들, 수만 권 경책이 담은 묘리를 모두 깨우치게 된다 한들, 이는 세상 사람을 구제하는 약의 처방일 뿐, 경전 밖에 따로 전하는 뜻은 아님을 깨우친 임제 의현은 어느 날 문득 옷을 갈아입고 제방을 떠돌게 되었더라 했다. 지산 스님, 이태의 묵언 수행, 그리고 이어진 천 일 기도를 꼭 아흐레 남겨 놓은 채 떨치고 나선 길이다. 나는 올 여름에 무슨 씨를 심었나.

문경 대승사 신사년 추계 용맹 정진.
음력 9월 초하루부터 삼칠일 꼬박 스무하루 동안을 잠 없이 정진한다.

산散철 결제, 동안거와 하안거 사이에 선방에서 이루어지는 참선 공부를 이름이다. 일찌감치 인원이 차 버리는 여느 선방과는 달리, 호락호락 달려들 수 없었던지 이 곳은 입제일 전날까지 방부房付를 들일 수 있었다. 시방에서 모여든 서른아홉 수좌들이 8월 마지막 날 큰방에서 정식 대면을 했다. 평균 나이 삼십대 후반, 출가한 지 십 년이 채 못 되는 장정들이다. 오늘도 도를 깨치지 못하고 하루를 또 이렇게 허망히 보내 버렸구나, 해가 저물 때마다 두 발을 뻗고 주저앉아 통곡을 했다는 옛 사람도 있었거니와, 하루도 미룰 수 없이 마음이 급하여 이른 발걸음들이다. 비구계를 받기 전인 사미승은 방부가 허락되지 않는 곳도 있으나, 이 곳은 그 수효가 절반이 넘는다.

"한 사람도 낙오 없이 원만히 회향합시다!"

그러나 첫날 다짐과는 달리, 하루 스무 시간을 좌복 위에 앉아야 하는 혹독함을 견디지 못하고, 열 가운데 넷은 탈락된다 한다. 하루 세 번의 공양 시간에 한 차례라도 불참하면 자진 퇴방이다. 마을에서 탁발을 해 오신 부처님이 사시 때에만 공양을 드신 대로, 하루에 한 끼만 밥을 먹는 '일중식日中食'을 지키는 자나, 아침과 사시 공양은 하되, 오후에는 공양을 들지 않는 '오후 불식'의 법도를 스스로 지키는 자라도 발우를 펴는 시간에는 제 자리를 지켜야 한다. 좌복 위 정진에 한 시간만 불참해도 자진 퇴방해야 한다.

방榜 짜기, 기간 동안의 대중 살림을 위한 소임이 정해지고, 문서 소임을 맡은 스님이 그 내용을 적은 용상방龍象榜을 써서 벽에 붙였다. 실로 튕겨 놓은 먹줄처럼 반듯하게 선방의 법을 세울 입승立繩 스님을 비롯하여, 입승을 보좌하며 몸으로 청정한 율을 보여 주게 될 청중淸衆(또는 찰

중), 우편물이나 문서에 관련된 일을 보는 서기, 필요한 약을 주지 스님을 통해 수급하게 될 간병, 춥도 덥도 않게 방 온도를 맞추어 갈 화대火臺, 정신에 산란됨이 없도록 방의 조도를 조절할 명등明燈, 화장실과 세면장을 관리할 정통淨桶과 욕두浴頭, 차담실의 간식 담당 다각茶角…. 그 가운데 정진하는 큰방과 댓돌 주위를 소제하는 지전知殿 소임자가 일여덟쯤으로 가장 많다.

하루 여덟 시간 정진도 흔한 '변방 선방'과는 달리, 인근의 각화사와 함께 나라 안에서 정진의 면모가 삼엄하기로 손꼽히는 곳, 원만한 회향을 위하여 지나친 격식은 생략되거나 간략히 한다. 조석 예불도 죽비 삼성三聲으로 약하고, 공양도 삼인일상三人一床으로 간편히 한다.

출가 이전의 삶은 산 것이라 할 수 없으니, 좌차는 법랍에 따라 정해진다. 지산 스님은 선방 이력이 거의 초참에 가까운데도 열한 번째, 좌차는 안거 수효에 따라 정해지면 좋겠다고 혼자 생각한다. 면벽식이 아닌 대좌식, 서른아홉 수좌들이 죽비로 경책을 받기 좋도록 가운데를 비운 채 벽을 따라 미음자로 둘러앉고 나니 방이 꽉 찬다.

눈썹은 온 우주를 가로지르고

음력 9월 초하루 밤 열두시, 초이틀로 넘어 가는 시각, 입선을 알리는 죽비 소리 울린다. 좌복 위 결가부좌한 몸을 전후좌우로 가볍게 흔들어 중심을 잡는다. 뒷머리로 천장을 찌를 듯이 윗몸을 세우면 턱이 당겨져서 코와 배꼽은 수직이 된다. 온몸은 힘을 빼고 부드러이 하되, 몸의 중심이 되는 단전에 관심을 둔다. 눈은 가늘게 떠서 문에 발을 내린 것처럼 하니, 그것이 화두를 간하기에 이롭기 때문이다.

> 눈썹은 온 우주를 가로지르고
> 눈빛은 하늘과 땅을 꿰뚫었네
> 손에는 명검을 쥐었으니
> 그 누구도 여기서 살아남지 못하리
> 眉毛橫宇宙
> 眼睫透乾坤
> 手把龍泉劍
> 逢人斬命根
>
> 영허 해일, '대용大用'

고봉 원묘는 단속斷俗하고 바위 동굴 속에 수행처를 마련하되, 세로는 한 발 남짓, 가로는 그 절반쯤 되는 곳이었다. 비가 새고 축축한 방, 바람과 비를 가릴 문마저 없는 곳, 이틀에 한 번 깨진 단지에 밥을 끓여 먹으며, 몸을 닦고 수염을 거둘 틈도 없이 애를 썼다. 동굴 밖에 걸쳐진 사다리마저 걷어 버린 곳, 입적 때에 스스로 읊은 대로, "오고 싶어도 들어갈 수 없고, 가고 싶어도 나갈 수 없는 곳," 사람들은 그 곳을 '죽음의 관문死關'이라 불렀다. 천리만리 뭍길과 물길을 지나 중국에 이른 신라승 혜통은 무외 삼장에게 세 해 동안이나 제자 되기를 간청했으나 거절당하자 화로를 뒤집어썼다. 이 곳에서 나가라 하시나이까. 차라리 불에 타 재가 되어 날려 나가겠나이다. 위법망구爲法忘軀, 법을 위해 몸을 버리고자 하는 옛 사람의 마음들이 그렇게 오롯했다.

바닥에 아주 평平으로 누워도 세 토막 서까래 너비와 일곱 자 좌복 길이에 미치지 못하는 곳, 내 이 자리를 죽어서 나가리라!

배휴가 불상을 하나 그려 놓고 황벽 희운에게 여쭈었다.
— 이것에 이름을 붙여 주십시오.〔安名〕
황벽이 그이의 이름을 불렀다.
— 배휴!
— 〔저를 부르시니 대답하기를〕예!
— 이름을 붙여 주었노라. 〔네 안에 있는 스스로 밝은 것이 곧 부처이니 무슨 다른 이름이 필요하랴.〕

잊고 있던 제 이름을 깨우쳐 받은 배휴가 황벽에게 절을 한 일을 두고 담당 청은 경책한다. '부처'의 성위聖位 또한 버려라. 그리고 송頌했다. "배휴가 깨달은 곳 그릇됨 사라지고 / 한 자 깊이 도랑물에 만 길 파도 넘실댄다. / … / 고봉 정상 외길을 잠깐 사이 지나가니 / 푸른 나뭇가지에 붉은 꽃 한 점."

큰 신심과 큰 분심과 큰 의심이 좌선의 세 가지 요건이니, 그 중에 하나라도 빠지면 다리 부러진 솥과 같다 했다. "이 우주는 손끝으로 집어 보면 볍씨 하나 크기밖에 되지 않는다. 그것이 우리 앞에 던져져 있으나 전혀 깨닫지 못하니, 그것을 만나 보려고 보청고普請鼓를 치고 모두 나

선"(설봉 의존) 길이다. "하늘도 땅도 이를 다 덮을 수 없고, 허공도 다 담을 수 없으니, 나로 인해 우주가 비롯됨(唯我獨尊)(원오 극근)"을 믿는가.

유정有情과 무정無情이 모두 불성이 있다 했거늘 조주는 어째서 개에게는 불성이 없다 했나. "의심은 믿음을 체體로 삼고, 깨달음은 의심을 용用으로 삼는다. 온전히 믿으면 저절로 의심이 되고, 온전히 의심하면 깨닫지 않을 수 없으니, 이는 물이 불면 배가 높이 뜨고, 진흙이 많으면 불상이 커지는 것과 같다"(고봉 원묘) 했다. 의심은 분심으로써 일으키되, "소리 내지 않으면 마음 속이 부글부글 끓어오르는, 소리를 내면 엎드려 있는 범의 비음鼻音 같은, 남에게 모욕을 당했을 때나, 풀리지 않는 의심이 있을 때에 참을 수 없이 터뜨리는 듯한"(단운 지철) 분심이 있는가.

정진 일 주일째, 이 무렵이 고비다.

두 번이나 앞으로 나동그라졌다. 한 시간마다 돌아가며 맡는 경책의 죽비가 어깨에 미처 와 닿을 틈도 없었다. 온몸의 털구멍까지 밀려드는 잠, 손톱, 발톱, 머리카락까지 스며드는 잠, 챙겨들려는 화두는 팔만사천 리 밖으로 깔깔깔 웃으며 달아난다. 그 화두를 입술에 소리로 올려 귀로 듣고서 붙잡으려 해 본다. 무無, 무, 무우우…. 그러나 어느 새 그 소리는 몇 년에 걸친 기도로 입에 붙어 있던 관세음보살과 지장보살 명호로 바뀌어졌으니, 화두는 간데없고 습쭵만 남아 떠오르기 일쑤였다. 하루가 이토록 길었던 적은 없었다. 혼침도 혼침이었지만 무릎 통증이 견뎌 내기가 힘들었다. '이뭣고'를 구자무불성狗子無佛性의 '무' 자 화두로 바꾼 것도 그 때문이었다. 지산에게 이뭣고는 의정을 일으키기커녕, 불편한 몸 부위에 붙어 꼬리처럼 달려 나갔던 것이다. 살아오면서 겪은 온갖 일이 망상으로 지쳐졌다. 지장전 흔들리는 촛불, 아침 예불 가면서 본, 줄기째 꺾이어 떨어진 풋감 가지, 까마득히 잊고 있던 것, 어릴 적, 십 리 길 떨어진 외가에 너무 일찍 세배를 하러 가서 외숙모로부터 무안당했던 일…. 오오, 그 여자 아이의 뜨겁고 비린 숨결!

 오십 분 입선 후 십 분 방선, 적절한 움직임, 볼일을 보거나, 선방 앞 도량을 거닐거나, 법당에서 절을 하거나 하여 굳은 몸을 푸는 시각, 그러나 지산은 포행 대신 지대방에 무너지듯 쓰러져 잤다. 이 곳에서 세 번째 정진 중이라는 한 수좌는 삼칠일 스무하루 동안 토막잠일망정 청해 본 적이 없었다 했다. '달게 쉰 뒤에 성성히 화두를 들어 보리라' 속다짐했던 것은 중생심에 끄달려 저를 속인 것이다. 지산은 그것이 부끄럽다. 이 곳 대승사에서 반야(「금강경」) 강석을 베풀었던 함허 득통, 그이는 어느 날 수마를 조복調伏받고 부르짖었다. "가고 또 가다가 문득 머리를 돌리니(行行忽廻首), 산의 뼈(바위)가 구름 속에 우뚝 섰더라(山骨立雲中)!"

 좌단설두坐斷舌頭의 전통은 다각실에서 차를 마시는 동안에조차 굳건하니, 선방에서는 공부에 관한 이야기를 주고받는 법이 없다. 척량골을 곧추 세우고 앉으라는 이야기, 정진 중에 눈을 감으면 잠이 들기 쉽다는 이야기 정도가 고작이다. 첩첩 산 속으로 난 길은 제가 지닌 오죽잖은 풀대 지팡이로 찾아 낼 수밖에 없다는 것이 초참으로서는 막막하여 서운하기 짝이 없다.

 벌써 걸망을 지고 떠난 이가 둘 생겼다. 바르지 못한 자세로 허리가 휘어져, 바르게 앉기가 더 힘들게 된 탓이다.

정진 두 주일째.

삼시 공양 이외, 체력을 북돋아 주기 위해 준비된 호빵, 과일 등의 차담은 일체 입에 대지 않기로 했다. 그 덕을 본 것인가, 눈꺼풀 위에 졸음은 남았으나 혼침은 많이 줄었다. 보름쯤 만에 무릎 통증은 신기하게도 사라졌다! 이제 아픈 무릎은 아주 조복받은 것일까. 그러나 기가 위로 치밀었는가, 쇠로 된 굴레를 쓰고 삼장 법사의 경책을 받는 손오공처럼, 미간이 조여져 깨질 듯이 아프다.

하루 중 새벽 세시부터 여섯시까지가 가장 견디기 힘들다. 도량석이 시작되고, 법당의 예불이 올려지는 시각, 공양간에 불이 켜지고 아침죽이 끓는 동안, 경책하는 죽비 소리는 거의 내내 쉴 새 없이 울린다.

정진 삼 주일째.

화두는 종광縱廣 사만 리로 달아나고, 백지처럼 머리가 빈다. "마음은 허깨비를 짓는 환사幻師요, 몸은 허깨비의 성성城이라, 걸어가면서도 걷는 줄 모르고, 앉아 있어도 앉은 줄 모르게 되면, 팔만사천 마구니의 무리가 육근六根의 문 앞에 지키고 있다가 마음 따라 온갖 계책을 부린다"(서산 휴정)더니, 벽에 생긴 틈으로 바람이 들어온다. 장구 소리, 징 소리가 한동안 낭자하더니, 그것이 잦아진다 싶더니, 이어서 '단장의 미아리 고개,' '홍콩의 아가씨,' 조용필의 '고추잠자리'로 노래 가락이 끝도 없이 이어진다. '기차길 옆 오막살이'도 겹쳐진다. 싸락눈 퍼다 우물물 메우기, 그래도 이 공부가 끝날 날이 있을 터임을 믿으라시는가. 삼매? 입선 죽비와 방선 죽비를 동시에 들은 것은 삼칠일 동안 단 한 번뿐이었다. 그 사이 앞으로 고꾸라진 것만도 열 번이었다.

쇠북 소리 듣는 이 놈, 이것 되려 들어 봐라
단풍 든 잎 펄펄 날 제, 저 잎 보는 놈 다시 봐라
鍾聲起處聞聞復
黃葉飛時見見休

소요 태능, '밤에 앉아(夜坐書懷)' 중

초승달도 눈부시다!

공덕봉을 훑어 내려온 산 기운이 차다.
맑고 정결하게 물든 석축 아래 느티나무는, 이 한 철 소임은 오늘로 아주 그만이라는 듯이 잎이 지더니, 밤이 되자 바람 끝 한 점 들이지 않은 채 고요하다. 그 우듬지 위로 날선 초승달이 떠올랐다.
초승달도 눈부시다.
만월을 향해 벼리고 든 칼날!
가파른 터에 앉은 도량이 뒤대고 있는 산은 사불산四佛山, 그 정상에 있는 바위에 네 방위로 나투었던 부처님은 일천오백 년 세월 보낸 지금은 다시 바위 속으로 숨어 버리고 말았다. 그 옛날 이 바위 속에 계신 부처를 드러낸 것은 석공의 정교한 손끝이 아니라 타는 듯이 붉은 불심이었던 것처럼, 이제 그 부처님은 눈이 아니라 마음으로밖에는 볼 수가 없게 되었다. 그것이 "붉은 색 비단에 싸여 하늘에서 내려온"(「삼국유사」) 것은 아마도 비단처럼 붉게 물든 나뭇잎이 눈발처럼 떨어져 내리던 오늘 같은 날이었으리라.

　소식을 듣고 달려와 네 부처께 경배한 진평왕은 이 곳에 대승사를 짓고 공석供石 위 향불이 끊이지 않게 했다. 예천서 시다림을 하던 중 입에서 방광을 했다는 이름 모를(亡名) 비구, 왕의 명을 받고 향단을 지키면서 평생 연경蓮經(「법화경」)을 외다 입적한 분, 그이의 묘 위에서 피어났다는 연꽃 두 대는 지금껏 대웅전 기단석에 돋을새김으로 남아 그 향기를 전한다.

　　하늘에서 부처 네 분 내려오시고
　　땅에서는 연꽃 두 대 솟아났도다
　　天降四佛
　　地湧雙蓮

　절의 연원을 적은 편액을 단 선방, 오늘 밤 불 켜져 환한 살창문들은 죽비 일성一聲에 문이 붉게 활짝 열리고, 죽비 일성에 또 깜깜한 봉오리로 닫힌다. 이 밤에 숨 쉬는 연꽃들이다. 법당의 서쪽에 있는 청련당 끄트머리 방도 밤새 불이 켜져 있다. 그 방 문이 열리는가 싶더니 주지 스님 나오신다. 누비 두루막 차림으로 외기 단속하고, 가풀막진 계단을 내려가 백련당 승당 옆 연못 앞에 잠시 멈춘다. 가랑잎 내려앉은 못물 속에서 밤에도 두 눈 부릅뜬 채 함께 수행 중인 물고기 떼, 아무렴, 너희도 내 생에는 사람 몸 받아야지, 한 마디 이르고는 선방 쪽으로 향한다. 진眞과 속俗을 경계 짓는 낮은 살문, 일 없이 그것 한 번 흔들어 보고는 어둠 속으로 사라졌다.

다시 그림자 끌고 나타났다. 꽃창살문 법당 앞, 도량을 환히 밝히는 붉은 나트륨 등에게 그 자리 내 준 채, 이제는 불 켜 들 일 아주 없어진 두 대 노주석 사이. 그 앞에 서 있는 산목련 두 그루, 노주석을 대신해서 연록색 등불을 켜 든 마음, 그 안은 텅 비어 도량을 덮은 밤 하늘과도 같다. 자궁 속과도 같은 궁륭穹窿, 나뭇잎 사이로 반짝이는 별 보인다.

문 나서면 너무 아득하여
만 리에 옴이 없으니 원만하지 못하여라
산문으로 가는 길 알고자 한다면
저녁 연기 가늘고 풀빛만 가득하다
出門便是太茫然
萬里無來未得圓
欲識山家門去路
暮烟輕鎖綠綿綿
불혜천

정진에 참여한 서른아홉 대중 가운데, 스물아홉 명이 회향했다.

동산 양개는 해제하는 날 대중을 향해 말했다. "어떤 스님은 동으로, 어떤 스님은 서쪽으로 가더라도, 반드시 만 리에 풀 한 포기 없는 곳으로 가야[洞山無草] 비로소 깨달음을 얻을 수 있으리." 풀 한 포기 없는 곳, 끝도 없고 본래 청정한 그 곳에 이르는 길은 그러나 풀밭(색계)에서만 찾을 수 있다니, 그 도리가 무슨 도리인가. 삼칠일 결제를 풀고, 지산 스님은 서둘러 산문 밖으로 떠나는 도반들을 전송했다.

도량 거닐기. 방선 죽비는 울렸으나 입정에서 벗어날 때에는 몸의 이치를 살피어 움직임에 조급증을 내지 말아야 한다 했다. 들이쉰 숨 내쉬기.

"어디로 가시려는가."

주지 스님이 물었다.

"…."

허리만 깊이 꺾었다.

알고자 하는 뜻이 없이 건네 온 물음, 구태여 답할 바 없었다. 작정한 끝에 이룰 일 있으나, 말로써 내다보이지 못할 바였다. 그러나 어찌 대답해야 했나. "대구에 계신 은사 스님 뵈옵고, 제가 머리 깎은 곳을 찾아 보려 합니다." 지산이 그리 답했다면 챙기려 했던 것은 '인연'이 아니라, 정진의 바탕으로 삼을 '초발심'일 터였다. 마음이 급하여 입제 전에 서둘러 찾아 든 곳, 내일 올려야 할 재가 있는데, 주지 스님은 병중이었다. 지산은 주지 대신 목탁을 쥐었었다. 주지 스님 또한 그 몸으로 주지 스님은 밤마다 야경을 돌았으니, 병이 추어질 틈이 없었다.

산문 밖을 향해 나가다 말고 잠시 걸음을 멈춘다. 뒤돌아보지 않아도 보였다. 석축 위 계단 끝, 파랗게 얼어 오는 늦가을 하늘 속에 주지 스님은 땅에 붙박힌 나무처럼 서 있을 터였다.

설봉 의존이 공부하던 어느 날 행각 길에 동행한 두 스님에게 원하는 바를 물었다. 한 스님은 나룻배를 타고 낚시꾼과 함께 한평생을 보내고 싶다 했다. 한 스님은 비단옷을 입고 좋은 음식을 먹으며 살고 싶다고 했다. 이야기를 나누던 곳이 여관이었으니 한 가닥 객수客愁가 없지 않았던 것일까. 설봉은 말했다.

"어떤 스님이〔오늘 같은 늦가을에〕길을 떠나면, 내가 그의 걸망과 지팡이를 대신 들어 문 밖까지 바래다주고, 몇 걸음 나아간 그를 불러 세우고는, '아무개 스님, 부디 몸조심하시오'라고 말해 주고 싶어."

마당에는 빨래 마르고

그이는 이제 더 이상 달이 그립지 않다.

제 그림자를 떨쳐 내려고 이리저리 내닫다가, 문득 깨우쳐 제 그림자 속으로 뛰어들었기 때문인가. 속은 텅 비었으나 다함이 없고, 움직이되 마르는 법이 없는 풀무와 피리의 이치를 제 것으로 삼았기 때문인가.

재우쳐 물어 보아도 그이는 그저 웃기만 했다.

"그저 바윗돌마냥 앉아서 조는 법이 있어서, 그럭허구 살지."

雲水堂

홍련이 집에 들면

표주박 하나로 사는 이 중은 그렇다 치더라도
비낀 비녀로 여태껏 혼인 못한
저 누이동생이 가엾지 아니하오이까

이제 상단을 마치고 하단도 파하여
스님들은 모두 제 처소로 갔나니

앞산은 첩첩하고 뒷산 또한 중중한데
그 혼은 어디로 돌아가셨나이까
슬프고 슬프옵나이다

진묵 일옥

엄니.
대선 스님은 벌떡 일어나 앉았다. 목을 괴었던 경침이 땀에 축축히 젖어 있고, 손아귀에는 여직 쥘 힘이 남아 두 팔이 뻐근했다. 엄니···.
밤중인가, 새벽인가.
달도 은근히 찾으시고, 초롱초롱 별빛도 찾아오시라고, 수줍은 눈발도 부끄럼 없이 내려 앉으시라고, 요덕사 도량을 밝히는 불빛은 앗쉬 거두어 두고 지내던 터인즉, 창호는 깜깜하여 시각을 짐작할 수가 없다. 동방아 바람으로 문을 박차고 나와 마을 고샅길을 진동한동 내달린다. 이장네 독구가 때아닌 다급한 발소리에 그이의 발꿈치라도 물어뜯을 듯이 자지러지게 짖어 대는 소리도 알지 못하고 한달음에 홍련암에 이른다. 엄니! 잠가 두는 바 없는 대문을 소리나게 밀치고 들어선다. 마당 한가운데 있는 작은 못을 돌아들기가 십 리나 되게 멀고나. 법당 옆 어머니 방 불이 꺼져 있다. 엄니!

아아, 저의 아귀심 억세게 붙잡는 손길을 뿌리치고는, 망종亡終 길에 나 오른 듯 가이없이 먼 눈으로 안다리골 동구 밖으로 황황히 걸음 옮기시던 어머니…. 노인은 느닷없이 켜진 불빛에 감은 눈을 뜨지 못한 채로 어느 새 팔을 뻗어 「법화경」을 당겨 안았다. 저를 못내 뿌리치시구….

"이 밤중에 웬일이시오, 스님. 아이구, 이 땀, …나쁜 꿈 꾸신 게비네."

가슴을 쓸어내린 대선 스님은 객쩍어진 뒤끝을 방구석에 두어 둔 콩나물 시루에 물 한 번 끼얹는 일로 얼버무린다. 그러고는 노모의 품에 다가들 듯 가까이에 몸을 부리고 눕는다. 자기 전에 읽은 진묵 스님 글 탓이야.

계축생이니 올해 아흔, 흰 머리 뿌리짬에서 다시 검은 머리가 돋기 시작하는 그이의 노모는 망가진 잠자리를 떨치고 일어나 앉는다. 그리고 이미 머리 속에 환히 박힌 「법화경」을 흰 종이에 옮겨 적기 시작한다.

"…모든중생의참된선지식이며, 이는모든중생의청하지안는처소이며, 두호하는곳이며, 구원하는곳이며, 크게의지할곳이니라, 곳곳마닥, 중생을위하여안목이되고, 귀먹어리, 병어리가된자에게는, 귀코혀가되며, 모든근기헐고, 무너지면, 능히하여금구족케하여, 미치광이처럼거칠고, 살난하면, 크게바른생을지키게하시난이라, 큰배의스승이되여, 큰배의, 의

런이시라, 중생을실코, 생사의바다를건너게하여…… 원왕생 원왕생….”

조선조 때 이서구가 전라 감사 발령장을 받고 내려오다, 금마와 여산을 경계 짓는 쑥고개에서 주위를 둘러보다 말고 무릎을 쳤다. "호남의 장한 산 셋은 수봉, 위봉, 비봉이로다. 그 중에 으뜸 가기는 수봉이니, 한양 땅 말세에는 몸을 맡길 만하겠도다."

전북 완주군 비봉면 안다리(內月)골, 위봉과 비봉의 옹위를 받고 있는 수봉산 자락의 옴팡한 마을, 한밤중 느닷없는 뇌성벽력 소리에 새댁은 잠이 깼다. 미륵산 연동蓮洞에서 시집 온 지 일 년쯤 되던 어느 날이었다. 마당에 가을걷이 널어 둔 멍석! 그것에 생각이 미쳤는가 싶었는데 방문 밖으로 여섯이나 되는 시누이들이 입을 모아 호들갑 떠는 소리가 들려 왔다. "오메 오메, 마당에 이 웬 토란인고." 마당으로 나서 보니, 하늘에는 별이 총총했다. 기이한 일이시.

날 밝은 뒤 살펴보니, 그 잎 넓은 생물은 토란이 아니라 연이었다. "그놈우 연이 눈이 멀어서 애먼 디로 들어왔네." 소문 듣고 구경 온 동네 천석지기집 성산댁 할머니가 허리춤으로 치마자락을 바람 소리나게 거두고 나가면서 한 말이었다. "백련이 집에 들면 벼슬허고, 홍련이 들면 귀자가 난단다." 시어머니가 새댁에게 낮은 목소리로 일렀다. 에둘러 흐르던 물길이 어느 해 큰물이 진 뒤로 집 앞으로 곧게 질러 나기 전, 문전 앞으로 펼쳐진 텃논에 어느 날 밤에 꿈처럼 부려진 조화였다. 한여름이면 연꽃이 장하게 피던 연동에서 이 곳으로 시집 올 때, 타고 온 가마에 한 톨 연실이 묻어 왔던 것일까. 붉게 피어난 연꽃, '백련'이 아니었으니 그것은 '귀한 사람'일 터였다.

귀하디귀한 분, 그런데 그분이 좌익이기는 했던가. 옳게 여기는 일에는 뜻을 굽힐 줄 모르던 강단 있던 서방님이 재판정 위 한 번 서 보지 못하고 어이없이 세상 떠나고 난 뒤, 바이런과 하이네 시를 읽던 큰아들도 사상범으로 십 년 세월을 영어의 몸으로 지냈다. 지금도 깎은 머리는 크고 작은 흉터로 성한 데가 없거니와, 신동 소리를 들었다고는 하나, 막내는 삼이웃을 시끄럽게 하던 천하에 둘도 없는 별종이었다. 외가에서 반찬투정, 상을 들어 뒤엎었고, 제 말이 씨 먹히지 않으면 사흘 밤낮 울어대기, 더웁다 홀랑 벗고 고샅길 돌아다니기, 자홍이 이 놈, 목침 위로 올라서라! 회초리 치켜든 훈장 마주 때리기, 끼놈, 맛 좀 봐라, 골마리 까고 이 잡던 훈장 불알 냅다 채기….

시부모와 어린 자식 넷과 함께 서른 살 갓 넘긴 자신을 두고 떠난 사람, 천하에 둘 없이 귀하기는 그렇게 야속한 서방님이었기보다는 '큰집'에서 새우잠 자고 있을 당신의 잘난 아드님이었다. 밤낮없이 짓는 염불, 장이 설 때마다 산 목숨 사서 방생하기, 자식을 위한 어머니의 기도는 그렇게 시작되었다.

홀로 벗어나 내 앞에 서 보라

가섭이 어느 날에 겨울을 나기 위해 벽에 바를 진흙을 애써 이기고 있는 것을 보고 한 사미승이 물었다. "존자께서는 어찌 손수 하십니까." 이를 듣고 가섭이 되물었다. "내가 하지 않으면 누가 하겠는가." 쌀을 찧고 있는 혜능에게 오조 홍인은 "도를 구하는 사람이 법을 위해 몸을 잊음이 마땅히 그와 같아야 한다"고 했다. 임제종 수산 성념의 법을 이은 광혜 원련은 임종에 이르러 제자들을 불러모아 놓고 간곡히 당부했다. "모든 죄업은 재물 때문에 생겨나고, 모든 더러움은 입과 몸에서 일어난다. 잘 입고 잘 먹는 것으로 자재自在해지려 한다면 어째서 세속에서 내키는 대로 살지 않고, 하필 부처님의 형상과 옷을 빌어 불법 문중을 파괴하려 하는가."

사람에게는 예와 지금이 있지만, 법에는 예와 지금이 없다. 기한飢寒에 발도심發道心이라, 초발심을 제대로 세우기에는 공주의 갑사가 옳게 찾아든 데였다. 밥만 먹으면 지게를 지고 나가 하늘을 등에 진 듯이 허리 펴지 못하고 일을 해도 대중의 얼굴에 부황기가 가실 날이 없던 나날, 객이 들어 입이 늘면 끓이던 죽에 물을 부어 양을 맞추곤 했던 곳이다. "한 물건이 있으니, 머리도 없고 꼬리도 없다. 검기로 말하면 칠흑과 같고, 밝기로 말하면 하늘의 해와 같다…." 김포광 스님이 지은 「주해강설 금강반야바라밀경」 한 구절에 붙들리어 열여덟 나이에 찾아든 곳, 월산 스님과 도반이던, "너머나 잘나셨던" 혜원 은사 스님은 상좌들에게 옷 한 벌 돈 한 푼 주신 적이 없던 분이다. 혜원의 상좌들은 한결같이 선방으로 공부를 하러 떠났거니와, 그리 되도록 도무지 선방 가거라 강원 오너라 한 마디 이르는 법이 없었다. 그저 당신의 몸으로써, 비껴 잘린 대나무의 끄트머리 같은 가파른 정신만 보여 주시던 분이었다.

뒷날에 대선 스님이 동래 묘관음사에서 세 해 동안 모시고 산 분, 향곡 스님은 어느 날에 그이가 초발심을 야물렸던 데를 추어 말씀하셨다. 갑사에는 필경 걸승乞僧을 만드는 어떤 도인이 있었던 게비다, 갈갈. 망백望百의 연세로서, 금강경 법사로는 당대의 으뜸이던 석봉 스님, 대선 스님은 그이의 일백 명 상좌 중에 택함을 받은 상수 제자였다. 북사자암터는 계룡산의 복장伏藏이라 할 만한 곳이니라. 대선 스님은 석봉의 말씀을 받자와 그 곳에 움막을 짓고 좌복을 폈다. "산이 첩첩하고 멧부리가 쌓인 듯이" 의문을 품고, "담장에 부딪치고 벽을 들이받듯이" 수행하니, 세 해 동안 솔잎과 쌀가루 따위로 몸을 맑혀 가며 생사를 걸었던 자리였다.

일 할(喝)에 적멸궁은 무너지고
발길 한 번에 비로의 바다는 뒤집어졌네
온 우주를 손끝으로 튕기고
입으로는 백억의 화신을 토해 내네

喝到寂滅宮

錫翻毘盧海

彈指三千界

口吐百億身

향곡 혜림, '오대산 적멸보궁' 중

뒤이어 옮아 간 도봉산 망월사는 천하의 춘성 스님이 계시던 곳이다. 무문관, 공부를 지을 양이면 그쯤으로 이름 붙인 곳이라야 했다. 정진, 당신의 가풍을 한마디로 이르라면 그렇게 될 터였다. 대방은커녕 조실방도 따로 없던 곳이다. 노장이 처소로 삼은 곳이 바로 대방이었기 때문이다. 수좌 한 사람에 방 한 칸? 이즈음의 선방 풍속은 하수상하기만 하고

나. 고린내 나는 좌복이 마흔 개 가까이 놓여 있던 무문관 대방에는 이불도 베개도 없었다. 그 한가운데 좌정하고 계시던 노장님을 십 년 세월 동안 모시었으나, 그이는 노장이 잠을 자는 것을 본 적이 없다!

"그대들 제방의 도 배우는 자들이여. 모두가 풀과 잎사귀에 달라붙어 사는 대나무 정령들이며 둔갑한 여우로서 똥덩이 위에 달라붙어 어지럽게 빨아대는구나. 옛 사람들의 부질없는 기연機緣과 경계나 치켜들지 말고, 홀로 벗어나 내 앞에 서 보라! 나는 너희를 처음부터 쳐(打) 버린다. 손에서 나오면 손으로 치고, 입에서 나오면 입으로 쳐 버린다. 내게는 남에게 줄 아무 법도 없고, 그저 병 따라 치료해 주고 묶인 것을 풀어 줄 뿐이다. 내 그대들에게 말한다. 부처도 없고 법도 없으며 닦을 것도 깨칠 것도 없는데, 어쩌면 그렇게들 바깥으로만 찾으려 하느냐. 눈먼 놈들아! 머리 위에 머리를 또 얹으니, 너희에게 부족한 것이 무엇이냐!"(임제)

공부 짓는 것이 변변찮으면 입에 담지 못할 욕질을 서슴지 않았던 분, 빨아 넌 단벌 옷이 마를 동안 홑이불 둘러쓰고 방에 앉아 계시던 분, 관령管領은 도무지 관심에 없었으니, 인연이 된 시주금은 먼저 닥치는 사람을 임자로 삼게 하던 분이었다. "마음이 어지러우면 법화가 구르고(心迷法華轉), 마음을 깨달으면 법화를 굴린다(心悟轉法華)"(「육조단경」)더니, 한 잔 술을 마다는 법도 없었고, 얻어진 고기 한 점도 달게 자시던 분, 어여쁘고나, 십칠팔 세 먹은 큰아기를 대할 양이면 꿈꾸는 것마냥 좋기만 하다 하시면서도 계정혜 그 자체를 뛰어넘지 않으셨던 분이었다.

어느 해 신도 한 사람이 노장에게 잠자리 날개 같은 모시 고의 적삼 한 벌을 해 바치니, '대중 중에 제일 이쁜 놈'이던 그이에게 주며 입으라 했다. 대선 스님은 그 자리에서 입은 옷을 홀랑 벗고 갈아 입으니, 천하의 춘성 스님도 일순 당황이 되었던가 보았다. "거, 거, 밖에 아무도 없지?" 안 입을 때보다 입어서 더 시원한 옷이라더니, 과연 그러하구나! 받쳐 입은 속옷 없이 산신각에 좌정하고 앉았다가도, 해우소로 어디로 도량을 마구 쏘대니, 홑겹 모시옷 사이로 훤히 내비치는 속살이 정작 부끄러웠던 것은 참배차 절을 찾은 신도들이었다.

육십년대 망월사가 대선 스님의 이십대였다면, 칠십년대인 그이의 삼십대가 십 년 동안 엽장獵場으로 삼은 곳은 해인사였다.

> 마음은 해지기 직전과 해가 뜰 때를 가장 좋아한다. 배가 부르면 아무것도 쫓지 않고 하루종일 누워 잠만 잔다. 그러나 저녁이 되면 밤은 마음을 일으켜 세운다. 마음은 밤의 영령인 것 같다. 자신도 모르게 어슬렁거리기 시작한다. 산정의 뾰족한 바위에 올라가서 엽장을 내려다보다가 먹이가 눈에 띄면 뱀처럼 미끄러져 내려간다. 순식간에 등과 목을 덮친다. 키가 큰 것들한테는 거대한 두 다리를 벌떡 들어서 사람 키로 서듯 덤벼든다.
> 마음은 도망가는 야생동물을 쫓아가서 잡아먹는 법이 없다. 소리없이 접근하여 단번에 도약하여 먹이 위를 올라탄다. 먹이는 툭 앞으로 엎어지면서 정신을 잃고 만다. 목이 강한 동물들은 앞목을 물어뜯는다. 마음은 울지 못하게 울대뼈를 물어부순다.
>
> 고형렬, '호랑이를 그리며' 중

달마의 탑전에 이른 임제에게 주지 스님이 물었다.
— 스님은 부처님께 먼저 절하십니까, 조사께 먼저 절하십니까.
— 부처에게도 조사에게도 절하지 않습니다.

부처를 뽑는 곳(選佛場)이라 하였으니, 공부 짓는 일에말고는 관심 둘 바 없었다. 시방에서 모여 든 대중을 향해 삼배 올린 연후에 좌차를 정해 받는 순서 따위란 다 무엇이냐. 어른 스님만 드나들게 되어 있는 어간문으로 썩 들어서서 제일 상단을 차지하고 앉아 버리니, 싹(嗄)! 칼도 뽑지 않고 도반들에게 들려준 칼바람 소리였다. 적명 스님이 열네 시간 정진하시는가, 나는 열다섯 시간이다! 1974년 겨울, 해인사 선방에 방부 들인 수좌의 수효가 처음이자 이후로 다시 없던 여든여덟 명이었을 때, 대중 가운데 식량도 으뜸, 목청도 으뜸, 지게에 올리는 짐은 남보다 서너 곱절은 더 되었다. 기개가 이만은 되어야 하느니. 그이가 애쓴 바, 제가 펴고 앉은 한 장 좌복을 하늘과 땅으로 삼았던 나날, 제가 여의어야 할 바, 이삼십대 펄펄 끓는 몸, 그 뜨거운 청춘의 육신을 식히려고 취한 방편이기도 했을 터였다.

저 허공을 산산조각 가루로 만든 다음
천 길 바다 밑에서 연기 나는 것을 보라!
直得虛空成粉去
千尋海底看生烟
사명 유정, '혜응 수좌에게(贈惠凝禪者一)' 중

집에 든 꿩 한 마리

"그 별종이 스님이 되어 여기로 왔단다. 모두 구경 한번 가세."

"해제 때면 어김없이 가사 장삼 싸들고 와서 노모를 거두더니, 종내 그리 되었고나."

헌걸찬 나무 한 그루 잘 자라고 있나 보다. 속마음에 흐뭇해하셨던 춘성 스님은, 안다리골로 떠나오기 전에 무릎 꿇고 앉아 인사 여쭈려는 그이를 향해 뱃속 깊이에서 끌어올리듯 한 마디 뱉으셨다. "좆 겉은 놈!" 그러고는 다시 돌아보지 않으셨다.

노모가 계신 집, 제가 태어난 그 곳에 부처를 모시고 '홍련암' 호를 단 것이 스무 해 전이었다.

가야산을 타다가 발을 헛디뎌 엎어져도 아이고 엄니, 소리부터 나오던 그이였다. 노모가 병이 나서 밥을 넘기지 못하면, 그이도 숟가락을 놓았다. 그리고 절에 온 보살들이 맛나게 밥을 먹는 것을 보면서, 아이구, 우리 엄니도 빨리 나아서 저렇게 밥을 잘 자셔야 할 텐데, 하며 눈물 뚝뚝 흘리던 그이였다.

그러나 대선 스님으로서는 자신이 노모를 모시는 것이 아니라 노모가 자신을 시봉 살리고 있는 것이다. 저가 오늘 조금이라도 일신의 안한安閒함을 얻었다면, 그것은 저보다 수승한 어머니의 공부 덕일 터였다. 어머니의 공부는 지독하였다.「금강경」일만 독讀, 그 끝에 눈이 다시 밝아지니, 나이 예순이 넘어 그리 된 뒤로 여태 돋보기를 쓰시는 법이 없다. 그 이후로는 아흔에 이르는 오늘에까지「법화경」을 읽고 쓴다.

믿기 힘든 일! 노모가 「법화경」을 읽던 어느 봄날이었다. 집안에 꿩 한 마리가 날아들었다. 그 축생은 사흘을 어머니 곁을 맴돌았다. 밭에 가면 밭으로 따라오고, 우물가로 가면 그리로 뒤쫓아왔다. 한 스님이 「법화경」을 독송할 때면 날개를 접고 앉아 듣던 꿩이 있었다더니, 공부를 하다 말고 떠난 그 꿩은 겨드랑이에 꿩의 털을 단 채 환생하여 나머지 공부를 해 마치더라더니, 그러나 그것이 그저 허황된 옛이야기인 줄로만 알았더니…. 때마침 그를 찾아온 선방 도반들이 그 정경을 보고 깜짝 놀라 부르짖었다. 어머니는 공부 끝에 살의殺意를 여의신 게요!

향림 징원에게 어떤 스님이 물었다.
— 어떤 것이 납의衲衣 밑의 일입니까.
— 섣달 불이 산을 태우느니라.

'납의 밑 소식'을 두고 어떤 스님은 "뼈가 여위어서 장작 같다"고 대답하였거니와, 동산 스님은 "[납의를 입고도 대사를 밝히지 못함은] 지옥살이보다 더 고통스러운 것"이라 했다. 스님을 아들로 둔 어미는 공부 짓는 일에 태만하기 일쑤나, 어느 새 제 공부로 삼게 된 노모의 기도가 그이에게는 산중의 선지식 못잖은 서슬 푸른 경책이었다.

"하루 종일 어떻게 밟아 가야 합니까." 임제는 말했다. "걸음걸음 밟아 가야지." 그이가 날마다 내딛는 첫걸음. 몸은 세간에 있다 하나, 삼가 산중의 시간을 어기는 법이 없이 자리 털고 일어난다. 아랫녘 낮은 땅이라고는 하나 한겨울 바람 부는 날이면 기온은 영하 20도 아래로 떨어진다. 얼음물로 낯을 씻고, 한짐이나 되게 크고 무거운 목탁을 들고 문 밖을 나

선다. 비가 오나 눈이 오나 한결같이 해 온 일, 육십여 호 되던 곳이 사십 호쯤으로 줄어 들어, 주인 떠난 빈집도 많이 생긴 마을이 이제 그이의 도량이다.

"홀연히 생각하니 도시(都是) 몽중이로다. / 천만고 영웅 호걸 북망산 무덤이요 / 부귀 문장 쓸데없다 황천객을 면할소냐 / … / 의심하고 의심하되 고양이가 쥐 잡듯이 / 주린 사람 밥 찾듯이 목 마른 이 물 찾듯이 / 육칠십 늙은 과부 자식을 잃은 후에 / 자식 생각 간절듯이 생각생각 잊지 말고 / … / 아무쪼록 이 세상에 눈코를 쥐어뜯고 / 부지런히 하여 보세 / 이전 사람 참선할 제 마디 그늘 아꼈거늘 / 잠 오는 것 성화하야 송곳으로 찔렀거든 / 하루 해가 가게 되면 다리 뻗고 울었거든 / 나는 어이 방일한고…." (경허, '참선곡' 중)

마을에 산도라지를 옮겨 심으면 삼 년이 못 되어 향이 비루해지고 말더라 했다. 우렁찬 목탁 소리에 「천수경」, '참선곡' 따위 섞어서, 두 시간씩, 흥이 나면 세 시간도 치는 도량석, 그 소리를 듣고 자란 마을 애기 셋이 출가를 했다. 날마다 제 마음에 찍는 발자국이자 일용하는 가장 든든한 양식, 그 도량석 끝내고 돌아오면 불당과 처소와 도량 안팎을 꼼꼼히 소제한다. 외양이 암만 장한 것이더라도, 앉고 눕는 자리 말끔히 거두지도 않는 수행자가 짓는 공부를 그이는 미더워해 본 적이 없다. 「백연경」에 이르되, 소제하면 다섯 가지 공덕을 짓게 된다 했거니와, 제 마음을 맑히는 것이요, 남의 마음을 정결히 해 주는 것이요, 교만심을 없애는 것이다. 길이보다 너비가 더 긴 우렁손톱 지닌 자의 타고난 성품이기도 하려니와, 한 순간도 방일함이 없이 '앉은 자리' 닦아 온 그이였다. 앉은 자리 단속하기, 또는 제 마음밭 가꾸기, 제 명호를 불림 받은 불보살들이 꽁무니를 빼고 말 만큼 크고 우렁찬 고성 염불을 외는 뜻 또한 그런 것이었다.

"원숭이는 쇠사슬에 묶이면 뛰어다니기를 그치고, 뱀은 대통 속에 들어가면 휘어 돌지 않는다"(「능가사자기」) 했다. 이날껏 파, 마늘, 달래, 부추 등, 몸을 덥히는 오신채는 가까이해 본 적이 없고, 한곳에 자리잡으면 십년 세월 보냈거니와, 외국커녕, 나라 안에서 이리저리 쏘대는 것도 그이의 일이 아니었다. 더러 먼길 떠날 일 없지 않으나, 여관 따위 객창客窓에 머리 누여 본 적이 없다. 밤을 도와서라도 절로 돌아와야 하고 말고. 그것이 상相이라 해도 좋을 터였다. 사서삼경 떼고 난 뒤에 불문에 든 그이로서는, 자신이 익힌 바, 체모를 허는 짓은 있을 수 없다는 군자행이라 해도 좋을 터였다. 그러나 저만이라도 미욱하게 '그런 척'이라도 해야 할 만큼 세태가 어지러운 것이 그이는 안타깝다.

그렇게 거둔 몸으로 다시 산자락에 초막 하나 지었다. 홍련암과는 한 마장에 못 미치는 곳, 얕은 개울도 하나 건너야 이르는 곳이다. 오도암, 고요하고 서늘한 곳, 칩거 끝에 그가 '힘을 좀 얻은' 곳이다. 그리고 옛 절터에 선방도 하나 더 만들었다. 요덕사, 인근의 서른 남짓 되는 처사들이 한 달에 두 번씩, 그이가 사정 두지 않고 내리치는 장군 죽비를 어깨로 받으며 철야로 정진하는 곳이다.

고향집 장한 풍광 중에, 물소리와 바람결이 더 맑은 산에서도 잊지 못한 그리운 것이 딱 한 가지가 있었다. 어릴 적 그이가 대청마루에 누워서 보던 달이었다. 지난 보름날에 명진 스님과 함께 이 곳을 찾은 월악산 백련 스님은 마을을 아주 푹 적셔 놓고 있는 달을 보며 나지막히 부르짖었다.

"스님은 이 곳에 뜨는 달을 두고 떠나지는 못할 것이오!"

그러나 오늘 뜨는 달은 그 옛날에 보던 것이 아니다. 달을 보는 중생들의 마음이 더욱 누추해졌기 때문인가, 하늘과 땅 사이에 무명처럼 가로놓인 혼탁한 기운이 더욱 짙어졌기 때문인가. 아니, 그이는 이제 더 이상 달이 그립지 않다. 제 그림자를 떨쳐 내려고 이리저리 내닫다가, 문득 깨우쳐 제 그림자 속으로 뛰어들었기 때문인가. 속은 텅 비었으나 다함이 없고, 움직이되 마르는 법이 없는 풀무와 피리의 이치를 제 것으로 삼았기 때문인가.

재우쳐 물어 보아도 그이는 그저 웃기만 했다.

"그저 바윗돌마냥 앉아서 조는 법이 있어서, 그럭허구 살지."

누가 읊었나.

마음달이 호젓하게 밝으니
광명이 온 누리를 삼키는구나
心月孤圓
光吞萬象
경허, 「열반송」 중

요덕사 앞마당에는 그이가 해 널은 빨래 두어 점 마르고 있었다. 좌복 싸개, 고의 적삼 한 벌, 그리고 얇은 홑이불 한 채. 겨울답지 않게 따순 볕, 살랑거리고 바람마저 부니, 솔기 속까지 아주 잘 마르고 있었다.

오대산에는 문수가 없다

돌아서다 말고 노인은 잠시 휘청 한다.
풍경 소리. 추녀 끝 풍경의 물고기는 쌍雙이었다.
큰 놈 위에 작은 놈이 실린 그것은 노인의 눈에는
영락없는 모자母子의 형상이었다.
섣달 그믐날 밤, 아직 눈 뜨지 못한 어린 것,
공부하는 사람에게 아이를 맡기고 떠나려는
할아비로서 비는 것은 아이의 무병과 무탈,
그 너머는 아득하여 이름 붙이지 못하겠다.

저 모든 산의 눈을 다 밟은 뒤에

산이 높아 골도 깊다.

큰돌 사이 잔돌 배게 박은 석축으로 흙을 그러모아 씨를 묻는 곳, 하얗게 눈을 인 지붕 서넛이 산자락에 모여 있다. 마른 콩대로 불을 지펴 허드렛물이라도 데우는가, 어미 등 뒤에 고단하게 달라붙은 아이 같은 낮은 굴뚝에서 때 이른 연기가 피어오른다.

해찰 부리는 아이를 거두며 걷자면 세 시간은 좋이 걸릴 길이다. 사라지고 만 길을 살펴 발자국을 찍으며 산을 오른다. 눈에 미끄러지지 않게 서너 번 새끼로 휘감아 준 신발이 거북했던지 내내 찡찡거리던 아이가 앞서 가다 말고 고함을 질렀다.

"저기 풍선!"

아이의 손끝을 따라 치어다보니 참나무 상가지에 푸른 '둥지'가 몇 개 걸려 있다.

"겨우살이라구, 남의 살에 뿌리를 내려 겨우 살아가는 나쁜 놈들이다."

"그래도 이쁘다."

회갈색 나뭇가지에 해맑은 초록색으로 둥글게 피어오른 그것들이 풍선 같아 보이기는 했다. 그것은 이지러지지 않고 원만하여 동그라미와도 같다. 하늘에 걸린 일원상─圓相. "내게 한 물건이 있다. 이름도 없고 모양도 없다. 너희는 이것이 무엇인지 알겠는가."(혜능) 노인은 탄식처럼 입 속으로 왼다. 나무관세음….

산문은 닫혀 있었다!
입구에 낮게 질린 장대 하나. 푸른 기운을 다 잃고 회백색으로 삭은 그것이 장군 죽비가 되어 노인의 등을 후려친다. 묵은 세월 지낸 뒤끝이라 바닥 깊이 잠겨 버린 줄로만 알았다. 십 리 산길 끄트머리에서 빗살무늬 불 켜진 창호로 그에게 떠올랐던 절, 그의 발걸음을 멈추게 했던 것은 들목에 가로놓인 막대기 하나였다. 성聖과 속俗을 구별짓는 것, 저 금 안으로 들어서면 해탈일까. 떠밀린 듯 들어선 곳, 그러나 십여 년 세월 끝에 스스로 떨치고 나온 뒤로는 다시는 넘보지 못할 경계가 되고 말았다.
노인은 장송 밑 너럭바위에 주저앉고 마는데 아이는 스스럼없이 장대문을 타넘고 도량 안으로 들어선다. 해꼬리가 걸쳐진 인법당因法堂 옆으로는 가지가 도톰한 목단이 서너 그루. 해발 1,300미터, 떠받들어야 할 하늘이 너무 무거운 탓인가, 키를 솟구치지 못한 삼단 석탑이 서 있는 좁은 도량 끝에서 보이지 않는 물 소리가 났다.

오 리 굽은 솔길에
천 년의 옛 도량이네
개울 소리 산그림자 데리고
승방으로 들어오네
五里喬松徑
千年古道場

泉聲與嵐影
收拾入僧房
진관, '정혜사'

아이는 방에 들어 스님께 절 올린다. 가슴께로 붙여 올린 두 손과, 모두고 선 두 발 끝이 한 줄로 가지런하다. 할아버지에게 책잡히지 않게 잘하려는 듯 입귀에 힘을 준다. 무릎을 꿇고, 오른손에 이어 왼손을 바닥에 놓고, 그 위에 이마를 수그린다. 꼬리 감기듯 두 발도 얌전히 포개진다. 그리고 두 손바닥을 귀 뒤로 잦혀올린다. 땅에 엎드리어 위로 피워올리는 연꽃 한 송이.

오체투지五體投地. 네가 그 뜻을 아느냐.

법달이라는 스님은 일곱 살에 출가하여 항상 「법화경」을 외웠는데, 조사(혜능)를 뵙고 절할 때에 머리를 땅에 대지(頂禮) 않았다. 조사는 꾸짖어 말하기를, "머리가 땅에 닿지도 않는 절은 아니 함만 못하다. 네 마음 가운데 한 물건('나'라는 생각)이 있기 때문이니, 네가 「법화경」 외기를 삼천 번에 이르렀음을 자부하여 허물을 알지 못하는구나. '예'란 아만我慢의 깃봉을 꺾자는 것이니, 나라는 생각이 있으면 죄가 되기 때문이다." 하였다.

익숙치 않은 이에게는 번거로운 것이 될 예의 격식을 저 어린 몸뚱이가 단아히 지어 놓는다. 누이의 선한 눈매를 오려 붙인 듯 닮은 저 눈.

"어두워."

아랫목에 발을 묻고 달게 자던 아이가 불을 청한다. 벽을 등지고 앉은 세 사람의 가슴이 맞붙을 듯이 좁은 방, 부처를 모신 좌대는 높지 않아 보는 사람을 부당히 누르는 바 없건만, 저 반만 뜬 눈으로 알 수 없는 웃음을 짓고 있는 '노랑 할아버지'가 아이는 무섭다. 노인은 속마음으로 이른다. "이 산중의 어둠에 익숙해져야 한다."

"태어남은 미생未生만 못하다"(장자) 하였으나, 형상이 있기 전, 부모미생전父母未生前은 어둠의 경계이지 빛의 경계가 아니다. 그러나 육근六根이 지어 놓는 경계에서 벗어나, 관자재觀自在, 참으로 자유롭게 볼 수 있게 됨은 눈이 아무짝에도 쓸모 없게 된 어둠 속에서이다.

"천겁千劫에 걸쳐 불佛의 위의威儀를 배우고, 만겁에 걸쳐 불의 세행細行을 배워야" 하거늘, '범부의 마음이 곧 부처'라니 이런 황당한 소리가 있는가. 「금강경」의 대학자인 덕산은 불립 문자 운운 하는 무리들을 혼내 주려고 남쪽의 용담龍潭을 찾아간다. "스님을 늘 흠모해 왔는데 와서 보니 연못(潭)도 용도 없군요." 불손한 수인사, 그러나 용담은 "제대로 왔다"고 답한다. 현상계가 허물어져 못도 용도 아니 보이는 경계에 이르렀다니 참으로 그렇지 아니한가.

덕산은 밤늦게 용담의 처소를 물러나오다가 밖이 캄캄하여 불을 청한다. 용담은 종이에 불을 붙여 덕산에게 건네다 말고 후 불어 꺼 버렸다. 그 순간에 덕산은 홀연히 깨친다. 칠통 같은 어둠 속에서였다.

불을 켜자 방이 환해진다. 아이는 부신 눈을 감았다.

설봉 의존에게 한 스님이 물었다.
– 어떤 것이 눈에 보이는 보리의 경지입니까.

설봉이 답했다.
―등롱燈籠을 보았는가.

이 일을 두고 육왕 심이 말했다.
―〔보리가 어떤 것인지〕 뜻으로 분별치 말고, 혀로 말하지 말고, 눈으로 엿보지 마라. 등롱은 곧 〔묻고 있는〕 자신이요, 자신이 곧 〔진여眞如인〕 등롱이니 본디 이 둘은 두 법이 아니며, 또한 한 법도 아니다. 하나도 둘도 모두 아니라면 도대체 무엇이란 말인가. 등롱이다. 〔스스로 실상實相 그 자체인〕 등롱이다.

잠든 아이 곁에 마주앉은 두 사람은 오래 말이 없다. 잘 익은 솔잎차 두어 잔에 귀밑까지 붉게 물든 노인이 가까스로 입을 뗀다.
"저 아이는 탯줄을 목에 감고 나왔었다. 목에 건 탯줄은 '염주'라 하니, 태어날 때부터 제 길을 그렇게 정해 놓고 나온 놈이다."
"…."
"나는 이제 기력이 다 되었다."

옷 한 벌과 밥그릇 한 개로
산문山門을 자유로이 들고 나네
저 모든 산의 눈을 다 밟은 뒤에
이제는 돌아와 흰구름 위에 누웠네
一衣又一鉢
出入趙州門

踏盡千山雪
歸來臥白雲

벽송 지엄, '의선 스님에게(示義禪小師)'

섣달 스무닷새

　모감주 까만 열매로는 염주를 만든다. 바닷가에서만 자란다는 나무의 열매, 산중에서 뜻없이 거두어 두고 있었는데, 그것이 내륙의 산 속에서도 자라더라는 말을 듣고도 해를 묵히었다. 천장에 매달려 누렇게 색이 변한 봉지에 적힌 '모감주 씨' 글자는 해음 스님에게 바다를 불러일으킨다. 해조음.

　노장이 행자 노릇을 끝낸 그에게 내린 법명은 두고두고 당치 않았다. 해음海音이라, 큰 물의 무념無念이라니, 들물과 날물이 때 어기는 법이 없이 갈마듦과 같은 여여如如함이라니. 차수叉手하여 심중을 단속하고, 도량을 오가되 서너 걸음을 넘어 치어다본 적이 없이 조신하였음에도, 그이의 짙은 눈썹으로도 가리지 못한 울울함을 노장은 꿰어 보았음이 틀림없었다. 범춤을 추며 달려들다 제물에 새하얗게 까무러치는 바람 부는 밤바다 같던, 배를 희게 뒤집어 검은 물빛 마다던 미친 파도 같던 마음, 그것을 다스릴 길을 이 산의 능선에서 찾으려 했다. 능선은 만산萬山을 한 줄로 잇되, 제가 품은 높이를 가파르게 드러내는 면모가 없다. 해음은 그것에 위무되었다. 그러나 바라보기만 했을 뿐, 산길을 걸터듦어 산을 제 것으로 만들지는 않았다. 숲 깊은 곳에 곰이나 멧돼지 따위의 짐승도 없지 않았으려만, 한겨울 거친 흙벽에 매달린 시래기를 탐하여 암자 가까이 내려온 배고픈 산양을 두어 번 보았을 따름이다. 차수하고 도량을 오갔던 때처럼, 목에 고삐를 맨 소처럼 이 곳에서 벗어나는 바 없이 가두어 두고 육근六根과 육식六識을 단속하려 했다. 그러나 그 일조차 외물外物에 의지함은 아니었던지.

어떤 스님이 물었다.
― 어떤 것이 도입니까.
― 크게 산을 좋아함이다.〔惟寬好山〕
― 도를 묻는데 웬 산이오.
― 네가 산을 산으로 보니 어찌 도에 이르리오.

하늘과 땅 사이, 우주의 안 그 가운데에 보배 하나가 있으나〔乾坤一寶〕, 형체 있는 산(形山. 우리 몸 속)에 숨겨져 있다. "그 물건을 알고 허심으로 비추어 안팎이 텅 비어 고요하여 견해를 여의면 그 작용은 깊고 깊어진다."(승조) 그 보배를 찾되 바깥으로 내닫는 마음으로라면, "산문山門을 등롱 위에 얹어 놓는 것과 같이" 어리석은 짓이 된다고 옛 사람은 꾸짖었다.

"눈 속의 못을 뽑고, 머릿골 뒤의 쐐기를 빼고, 만길 벼랑 위에 외발로 서는" 마음이고자 하였으나 그것이 맹렬한 동참動參이기는 하였던지. 사대四大는 본래 없는 것이요, 만법이 모두 공空하다는 말을 잘못 알고, 그저 한 생각도 일으키지 말라는 말을 몇 번이고 다짐하되, 마음을 찬 재와 같이 하여, 다만 고요해서 흔들림 없이 하는 것을 공부의 극칙極則으로 삼지는 않았던지.

긴 세월 길 위에 있어도 집을 떠나지 못하였고, 집을 떠났으나 길 위에도 있지 못했다. 한 생각 의심하는 마음이 흙이 되어 가로막히고, 한 생각 좋아하는 마음이 물이 되어 빠졌으며, 한 생각 성내는 마음이 불이 되어 타고, 한 생각 기뻐하는 마음이 바람이 되어 나부꼈다.

오대산에서 문수를 친견하려 하는가. "눈앞에 작용하는 이것, 처음과 끝이 다르지 않고, 어디에서나 의심할 것 없는 이것, 스스로 결박을 풀어 어딜 가나 해탈이게 하는 그것이 참 문수요 참 보현"(임제)이니, 오대산에는 문수가 없다.

"나는 이것을 '불(火)'이라 부르지만, 너는 무엇이라 부르겠느냐?"(조주) 네가 주인이 되어 너만 붙일 수 있는 이름을 붙여 보라.

    물에 할(喝)을 하니 물 소리 끊어지고
    저 산을 가리키니 산 그림자 지워지네
    물 소리와 산 그림자 온몸으로 되살아나니
    금까마귀(해)가 한밤중에 높이 나네
    喝水和聲絶
    聲山並影非
    聲影通身活
    金烏夜半飛
    경허 성우, '우연히 읊음 28'

이 곳에 깃을 들인 뒤로 십여 차례 봄가을을 보내고 맞았으나, 통 밑바닥 빠지는 소식커녕, 그 기미커녕, 사방은 캄캄하여 섣달 그믐 달 없는 오늘 밤과도 같다.

운문 문언에게 어떤 스님이 물었다.
- 어떤 것이 (스님의 살림살이를 드러내는) 운문의 한 곡조(雲門一曲)입니까.
- 섣달 스무닷새니라.

장산 법천이 상당上堂하여 말했다.
- 묵은 해 다하고 새해 돌아오니 모두가 환향곡還鄕曲을 부르면서 오간다. 리리라, 라리리⋯. 대중들아, '섣달 스무닷새'를 어찌 생각하는가. 예부터 지금까지 피리 부는 이(吹者)와 노래하는 이(唱者)가 모두 음률을 밝힌다면 어디에 (특정한 날짜인) 섣달 스무닷새가 따로 있으리오.

아들의 돌아앉은 등은 미동도 없었다. 산을 내려와 아이의 어미를 배스리게 하고도 집에 안주安住하지 못하고 무시로 떠돌던 자신이 아들에게 보인 등 또한 저렇게 싸늘했을 터였다. 닫힌 산문과도 같이 단호한 아들의 등 뒤로, 자갈밭을 달리는 말발굽과 허옇게 배를 뒤집는 격랑이 오가고 있음을 아비는 알지 못했다.

높은 대에 고요히 앉으니 잠은 멀리 달아나고
외로운 등불만 적적하게 벽에 걸려 있네

이따금 문 밖에는 바람 부는지
뜰에는 솔방울 떨어지는 소리
高臺靜坐不成眠
寂寂孤燈壁裡懸
時有好風吹戶外
却聞松子落庭前
정관 일선, '금강대'

노인은 불빛 앞으로 다가들어 흰 무명실을 겹으로 놓고 꼬기 시작한다. 그리고 그것을 몇 개로 잘라 작은 종지에 비스듬히 걸쳐 놓는다. 맑은 들기름을 따라 종지를 채운다. 스님 둘이 살아도 한 사람은 범이 물어가고야 만다는 곳, 그렇게 혼자 도를 닦을 수밖에 없다는 곳답지 않게 규모가 호방한 수각 전두리에 그릇을 놓고 심지에 불을 붙인다. 수각이 몸삼고 있는 큰 바위뿌리, 그 곳에 자라고 있는 푸른 고사리 한 포기가 제 그림자를 크게 짓는다. 측간에도 하나 놓는다. 입측진언入厠眞言, 옴 하로다야 사바하.

법당 앞, 지붕돌 모지라진 석등 안에도 하나 놓는다. 오방내외안위제신五方內外安慰諸神, 나무 사만다 못다남 옴 도로도로 지미 사바하. 어슬프게나마 지등 갓을 휘둘러 놓았으니 웬만하면 새벽까지 버텨 줄 터였다.

쟁그랑.

돌아서다 말고 노인은 잠시 휘청 한다. 풍경 소리. 추녀 끝 풍경의 물고기는 쌍雙이었다. 큰 놈 위에 작은 놈이 실린 그것은 노인의 눈에는 영락없는 모자母子의 형상이었다. 섣달 그믐날 밤, 아직 눈 뜨지 못한 어린 것, 공부하는 사람에게 아이를 맡기고 떠나려는 할아비로서 비는 것은 아이의 무병과 무탈, 그 너머는 아득하여 이름 붙이지 못하겠다.

땅에는 별꽃

아궁이에 마른 삭정이를 태운 연기가 미치지 않을 만한 거리에 샘 하나 있다. 공양간 수각에 고이는 샘물도 차고 달지만, 아침 예불 때에 부처께 올리는 것은 그 곳에서 마련해 왔다. 부처에 대한 지심至心이요 제 마음에 올리는 재齊이다.

묵은 해니 새해니 분별하지 말게
겨울 가고 봄이 오니 해 바뀐 듯해도
보게나 저 하늘이 달라졌는가
우리가 어리석어 꿈 속에 사네
妄道始終分兩頭
冬經春到似年流
試看長天何二相
浮生自作夢中遊
계종 학명

어떤 데서는 설을 '춘절春節'이라 이른다. 그러나 아직은 어림없이 꽝꽝 언 땅, 대한 절기가 지나면 봄은 땅에서보다 밤하늘에 먼저 찾아온다. 한밤중 동쪽 하늘에는 봄별들이 벌써 모습을 드러내기 시작하는 것이다. 이른 새벽에는 머리 높이 태미원이 솟고, 남쪽 하늘에는 낮게 장수, 익수, 진수 따위의 별자리가 걸린다.

정월에 숲을 거닐던 마조가 동굴이 허물어져 땅이 평평하게 된 곳에 이르자 시자에게 말했다.
― 다음 달에 내 몸은 흙으로 돌아갈 것이다.
곧 앓아눕게 된 마조에게 원주가 문안을 왔다.
― 몸은 좀 어떠신지요.
― 낮에는 해를 보고(日面佛), 밤에는 달을 본다(月面佛).

맑은 물 차게 긷는다. 산 위로 총총 내려앉은 별도 함께 떠담는다.
"나무(歸) 일면불, 나무 월면불, 나무 천공성天空星…."
해음 스님은 잠시 걸음을 멈추며 어제 있었던 일을 떠올리고 미소짓는다. 그리고 덧붙인다.
"나무(歸) 땅 위의 별꽃…."
방에 들여놓은 화분에 풀씨 하나 내려앉았더니, 떨기마다 꽃을 피워 화분 주인을 무안하게 해 놓았다. 좁은 화분 속에서, 제 땅도 아닌 데서 여린 풀들이 그렇게 작고 아름다운 꽃을 단 것이 아이는 신기하다.
"이 풀 이름이 뭔 줄 아니?"
"…."

"별꽃이다."
"땅에도 별…."

향수해례香水海禮도 통알通謁 의식도 없는 조촐한 설날 아침 예불, 노인은 향 두 대를 더 피워 올린다. 선망先亡 부모 원왕생願往生.

온몸은 입이 되어 허공에 걸렸는가
동서남북 바람을 가리지 않고
바람과 더불어 반야를 노래하네
뎅그렁 뎅, 뎅그렁 뎅
通身是口掛虛空
不管東西南北風
一等與渠談般若
適丁東了適丁東

천동 여정, '반야송般若頌'

해음 스님이 아이를 데리고 산넘엣 암자의 노장을 뵈오러 떠난 뒤, 추녀 끝 네 귀에 달린 풍경 소리는 더욱 커졌다.

신수는 말했다.
- 그대들은 종을 치는 소리가 들리는가. 그 소리는 종을 칠 때에 나는가, 아니면 치기 전에 나는가. 종이 울리지 않아도 소리가 있는가.
이어 말했다.

―종을 치는 소리는 절 안에서만 나는가, 아니면 시방十方 세계 어디에서나 나는가.

범부는 소리가 있을 때는 들어도, 소리가 없거나 사라지면 듣지 못한다. 그러나 보살은 소리가 있을 때나 없을 때나 사라졌을 때나 언제나 듣는다. 법(진리)은 모습이 없음으로써 이를 보고, 또한 법은 소리가 없으므로 듣지 아니함으로써 이를 본다 하였다.

그것이 반야의 이치이겠으나, 노인은 자신의 눈빛이 아주 땅에 떨어지기까지, 이후로 이 세상의 모든 풍경 소리는 아이의 높은 울음소리가 될 터이고, 풍경이 달고 있는 물고기 한 마리는 어미 물고기가 업은 새끼 물고기가 되어 버릴 터였다.

인법당에 모셔진 부처에게 삼배 절 올리고, 도량으로 내려선다. 해 바른 데는 눈이 녹아 땅이 검은데, 섬돌 옆 쌓인 눈 속으로 푸르게 피어난 풀포기가 있다.

도량 들머리에 가로질린 일자一字 문만 나서면 이제 바깥이다.

조주는 어느 날 한 사미가 자신이 문하門下에 이르렀노라고 인사를 여쭈자 시자에게 일렀다.
―가라고 해라.
시자의 전갈에 노장의 뜻을 알아들은 사미는 절을 하고 떠났다. 조주가 말했다.
―〔떠나 버린〕 사미는 문 안으로 들어왔는데, 〔문 안에 나와 함께 있는〕 시자는 문 밖에 있구나.

이를 두고 자수 회심은 읊었다. "조주의 방문은 자물쇠가 없거늘 / 시자의 거친 마음이 빤히 보면서 어긋났네. / 영리한 사미가 하직 인사를 드렸네."

진여에 이른 몸은 쇠를 걸어 저를 단속할 것이 없고, 구경究竟에 이르는 길은 제 안에 있는 방을 서둘러 찾는 일이지 남에게 청하여 도움받을 바 아니다.

무주無住.
추녀 밑 현판에 적힌 글자, 현판이랄 것도 없는 막치 송판에 적힌 먹글자가 돌아보는 노인을 등 떠민다. 무주!
"무념無念으로 종宗을 삼고, 무상無相으로 체体를 삼고, 무주無住로 근본을 삼으라. 무상이란 현상계에 있으면서 현상계를 떠나는 것이요, 무념이란 생각하면서 생각이 없음이요, 무주란 사람의 본성이 세간의 선과 악과, 깨끗함과 더러움과, 미워하는 이나 가까운 이나, 말을 주고받고 공격하고 속이고 다툴 때에도 공空한 것으로 여겨서, 원수 갚을 생각, 해칠 생각을 내지 아니하여 염념이 지난 일을 생각지 않는 것이다. 앞 생각과 뒷 생각이 잇달아서 끊어지지 않으면 그것은 얽매임이다. 모든 법에 생각 생각 머물지 않으면 얽매임이 없으니 이것이 무주로써 근본을 삼는 것이다." (육조 혜능, 「육조단경」)

문 나서지 않아도 끝없는 풀길 막히고
문 나서면 더욱 하늘 끝까지 막혔어라

기틀 돌려 하늘로 통하는 길 밟으니
청산 어딘들 내 집 아니랴
不出漫漫草路遮
出門猶更隔天涯
回機踏着通霄路
何處靑山不是家

소산 여

산을 더위잡아 오르던 길은 벅차더니, 내려가는 길은 천 길 낭떠러지였다. 그 천 길 낭떠러지 아래로 겨우살이 푸른 풍선 날려 보낸다. 도반 삼아 꺾어 짚었던 마른 나뭇가지도 숲으로 내던지어 되돌려준다. 이 산을 다시 오를 일은 없을 터였다.

산길이 산을 내려와 문득
뒤돌아보면 따라 내려오는
저문 산, 물을 건너면
먼저 건너가 뒤돌아보는 저문 산

장석남, 「산길이 산을 내려와」 중

[보태는 이야기]
함양군 마천면 지리산 자락에 있는 상무주암은, 이 곳에 머물고 있던 보조

스님이 오도한 수승한 공부터이다. 그 아래 포행길 정도의 거리로 떨어져 있는 영원사에서는 그 곳에 주석했던 일백여덟 대덕들을 밝히어 놓은 책자를 지금껏 보관하고 있으니, 이 산비탈에 기록이 없는 그 이전엔들 공부인이 없었을까.

상무주암의 도량 한구석에는 작은 삼층 석탑 한 기가 서 있다. 이에는 전해 오는 이야기 한 토막이 있으니, 이 곳에서 구곡 각운이 「선문염송」을 편찬할 때에, 스님에게 붓을 만들어 쓰시라고 털을 보시하고 죽은 족제비가 사리를 남겼는데, 이 탑이 그 사리를 봉안하고 세운 것이라는 것이다. (그러나 이는 책의 실제 저자인 진각 혜심의 제자인 구곡과 혼동한 데서 빚어진 오류로 보기도 한다. 십 년 넘게 이 곳에 주석하고 있는 현기 스님도, 그 방대한 불사를 도모하기에는 이 곳이 너무 외지고 도량의 규모도 협소하다고 고개를 가로저었다.)

탑은 신산한 세월 보내는 동안, 몇 번이나 축대 아래로 떨어졌다가 다시 제자리로 올려지면서 놓임새는 어긋나고, 지붕돌도 귀가 떨어져 더욱 볼품없어졌다. 오늘 이 작은 석물 주위를 서성이는 객의 마음이 처연한 것은, 소조한 계절 탓도, 인법당 네 귀퉁이에서 울리는 맑고 쓸쓸한 풍경 소리 탓만도 아니다. 이교도라도 그렇지, 이 작고 아름다운 탑이 차지하는 공간이 얼마나 된다고, 기어이 축대 아래로 발길질해서 내동댕이쳐 버렸던 사람들의 모진 마음 때문이다.

상무주암의 주변 정황은 알뜰히 옮겨 적었지만, 노인이 아이를 데리고 이 도량을 찾았다는 것은 이 탑을 보고 만들어 적은 것이다.

촉목보리
觸目菩提

이 산 골짜기에는
아직까지 더러 남아 목숨껏 자라고 있는 닥나무가 있다.
지난 날 이 곳에서 성하게 자랐기로,
나라의 영을 받고 종이를 떠 대는 일에 지친 징광사 대중들이
스스로 절에 불을 질러 회진시키고 말았다 함은
'어림없는' 일이었다. 절이 사라진 것은 법을 잇는 스님이
사라지고 말았기 때문이라고 지허 스님은 생각한다.

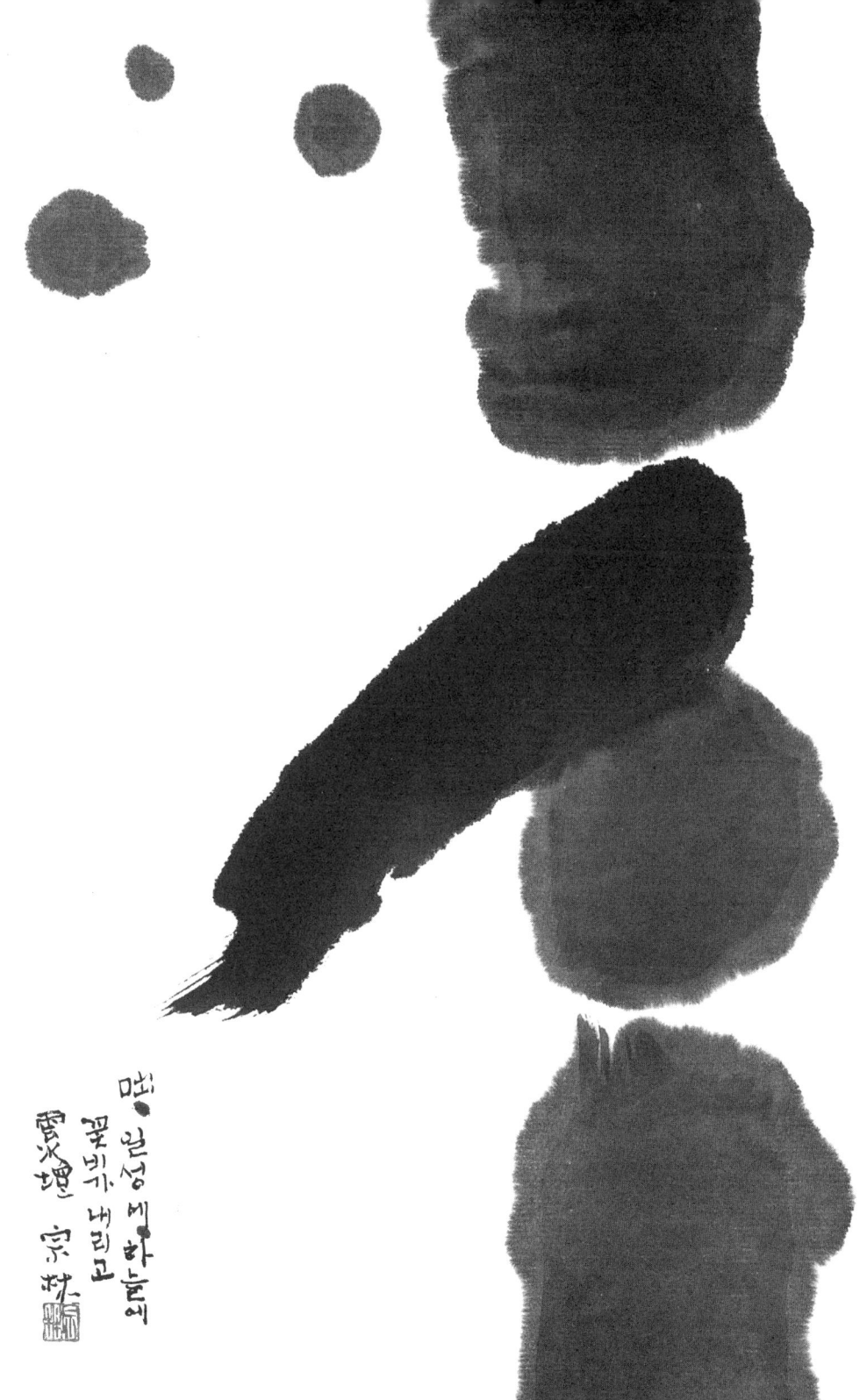

매화나무는 '만든다'

서암 사언은 날마다 혼자서 자기를 불렀다.〔巖喚主人〕
— 주인장!
예, 자답自答하고는 일렀다.
— 정신 차려야 해!
자답하고는 또 다짐했다.
— 다른 사람에게 속아서는 안 돼!

선암사 지허 스님 방에는 거울이 없다. 한 달에 두 번씩 평생 익은 손길로 무명초를 밀어 왔으나, 이즈음은 때로 귀 위에서 덜 깎인 터럭이 손에 잡힌다. 대신에 품에 지닌 낡은 진영 사진이 한 장 있으니, 날마다 들여다보며 스스로를 불러 보는 거울로 삼는 것이다.

달은 서쪽 산에 숨고 바람이 싸늘한데
하늘 가득히 별들이 다투어 빛나네
삼베 이불로는 어둡고 추운 기운 참을 수 없어
팔베개로 고생하면서 해 뜨기 기다리네
月隱西山風色凉
滿天星斗鬪光芒

布衾不耐氳異氣
愁枕肱頭待太陽
침굉 현변, '추운 밤에'

침굉 현변枕肱 縣辨, 소요 태능의 법제자로서 내전과 외전에 두루 밝았으나, "천만 권 경책을 읽어도 눈 먼 것을 구하지 못함"을 알고 마음 닦는 일에만 매진했던 분, 방장사, 송광사, 연곡사, 선암사 등에서 머물다 조계산 장군봉의 8부 능선에 자리한 비로암에서 오도한 뒤로 생의 대부분을 그 곳에서 정진했다.

'팔베개(枕肱)' 스님, 그이가 호로 삼은 뜻이 그러하거니와, 평생을 육근에 끄달리는 바 없이 자신을 서늘하게 단속했던 분, 한 잔의 술을 사양하지 않았으나 한 잔 이상은 아니었는데, 그것을 아는 자가 큰 바가지 잔으로 올린 한 잔 술로도 취하지 않았으며, 맹물을 잔에 담아 권해도 마시고는 취하니 '색상色相 속에서 색을 여읜 경지'에 이르렀다 할 만한 분이었다.

"공부인의 병통은 스스로를 믿지 않는 데 있다. 스스로의 믿음이 부족하면 망망하게 경계 따라 전변하여 온갖 경계에 휩쓸려 자유롭지 못하다. 조사와 부처를 알고자 하는가. 내 법문을 듣고 있는 바로 그대들이다."(임제) 이치가 그러하다면 '날마다'가 아니라 동정動靜에도 몽중夢中에도 오매寤寐에도 주인공을 찾아서 챙겨야 할 터였다.

찻상 하나와 낮은 서안, 텅 빈 벽에는 횃대 하나. 지허 스님의 처소는 단촐하다. 좌복 없이 앉아 입정入定에 든 방바닥은 산 사람 덕을 보려 드는데, 밖은 이미 봄이었다. 입춘 즈음 서숙(조) 크기로 들숨을 쉬기 시작했던 매화가 날숨으로 꽃을 피워 대웅전 뒷길을 꽃세상으로 만들어 두었다.

지난 겨울은 눈과 추위가 유난했으니, 여느 해보다 매화 향기는 더욱 깊고 맑을 터였다. "추위가 한 번 뼈에 사무치지 않으면 / 코끝을 치는 매화 향기 어찌 맡으리." 맵짠 수행 끝에 향기로운 도과(道果)를 얻는다고 옛사람이 읊은 시는, 이 곳을 크게 벗어나 본 일 없이 오십 년 세월을 지내온 그가 확인한 사실이다.

일 철불, 이 보탑, 삼 부도, 대웅전, 원통전, 승선교…. 선암사가 품고 있는 수다한 보물은 제쳐 놓고, 수령 육백 년의 홍매화 네 그루와 백매화 열 그루, 그리고 청매화 열 그루…, 무량수각 앞 와송, 연산홍 아홉 그루, 자산홍 아홉 그루, 뒷산의 차나무 따위를 꼽는 그의 얼굴에 홍조가 떠오르면서 환해진다.

묘한 나무, 매화나무는 '만드는' 것이다. 벚나무는 자르면 썩고 말지만, 매화는 웃자람이 심하니 20, 30센티미터쯤 자라나면 잘라 주어야 한다. 여섯 창문(六根) 밖으로 튀어나가려는 원숭이들을 단속하는 것과도 같다. 밖으로는 그리 하고, 새 순에 돋는 가시는 세월 보내면서 제 몸 속에 묻어 버리니, 안으로는 그렇게 자신을 다그친다. 선암사 노스님들은 꽃 가꾸기를 좋아하셨다. 선암사 매화나무의 절묘한 굽이는 꽃 가꾸기를 즐기셨던 노스님들이 이루어 놓은 것이다. 웃자란 가지 쳐내기, 그것은 그 분들이 후학들을 제접한 방식이기도 했을 터였다.

몸이 있으니 병이 난다. 보름을 색신의 주인 노릇을 못하고 병원에 누위 있었다. 퇴원하여 절로 돌아오는 길, 매표소를 지나쳐 계곡으로 들어오다 말고 차에서 내린다. 승선교 무지개 다리(虹橋)를 바라보기만 하고 지나치게 나 있는 지금의 찻길은 옛 사람의 뜻과는 어긋나는 것이다. 마주보이는 장군봉의 찍어 누르는 듯한 기운은 슬며시 다리를 건너 피해야 했을 터였다. 계곡 사이로 짓쳐내려온 물살은 급하니 마음을 늦추고, 산의 기운은 험하니 에돌아 다리 위에서 몸을 낮추도록 함이 도량의 구조물을 안배한 옛 사람의 본디 뜻이다.

둥근 다리 아래를 지나면서 천장을 울리는 개울물 소리가 더 부드러운 것은, 다리 아래 석물로 붙박힌 채 안개를 뿜어서 이 다리를 온전히 '무지개'로 띄워 올리고 싶은 용의 마음을 물이 읽은 것이다.

똘똘 물 소리.

경청 도부가 현사 사비에게 물었다.
— 선禪은 어디로 해서 들어가야 합니까.
— 〔주객불이主客不二의〕 저 개울물 소리가 들리는가.
— 예, 잘 들립니다.
— 그럼 그리로 들어가지.

무심한 개울물 소리, 빗방울 소리, 상여 소리, 대나무에 기왓조각이 가 부딪는 소리, 문틈에 낀 발이 아파 소리 지르다⋯. 조사들이 깨달음을 기연起緣으로 삼는 일은 참으로 '황당하다.' 그러나 그것은 길의 들머리를 찾아 쥐 잡듯이 자신을 몰아 대는 사람에게 어느 날 문득 찾아온다.

옛 사람도 이렇게 가고

고맙고 또 고맙도다 천진불이여
자비의 비를 내려 온 세상 적시네
어디로도 빗줄기를 피해갈 곳 없나니
엎어 놓은 그릇조차 흠뻑 적시네
多謝天眞佛
興慈大周洽
亘空無處逃
覆器也須濕

진각 혜심, '비 오는 날에(因雨示衆)'

이 땅에 불적佛跡이 미치지 않는 곳이 드물 터이나, 바다 건너 먼 세상으로 이어지는 초입이 되는 벌교와 조계산 사이의 땅 이름들은 기특한 데가 있다. 너른 벌인 '낙안'은 성불하지 않은 중생이 하나도 없는 '안락국토'요, 벌교읍 징광리 뒷산인 존제산尊帝山의 옛 이름은 금화산金華山으로서, 부처가 「법화경」을 설하자 하늘에서 내린 꽃비가 금발라화金鉢羅華였으니, 부처가 들어서 가섭을 미소짓게 한 바로 그 꽃을 이름이다. 부처가 계신 곳이다. 낙안의 너른 평지에 몰록 솟아오른 옥봉은 부처 앞에 놓인 옥 발우요, 산자락 끄트머리로는 나무가 나지 않는 백이산伯夷山은 부처를 협시하는 관세음보살이 쓴 희게 빛나는 보관이다. 골산骨山인 금전산金錢山은 부처의 오백 제자 중 정진 제일이던 금둔 비구를 딴 이름이요. 오봉산은 초전법륜의 은덕을 입은 다섯 비구를 기리고자 함이다. 오봉산 옆 제석산은 신장이 되어 그 아랫마을인 도리촌을 지키되, 그 바같은 진토塵土의 땅이니 벌교에서 순천으로 넘어가는 그 곳을 지금껏 마을 향로들은 진토재라 이른다. 관음보살과 제자들과 다섯 비구와 신장이 있는 곳, 이십 리를 이어 연꽃(부용산)이 장엄하는 이 곳은 영락없는 영산 회상이 된다.

부처는 일생 동안 여기서 일대 시교를 펼친다. 강 건너에 이르면 버릴 뗏목, 그러나 강을 건너기 위한 쓸모 있는 방편, 읍에 수박 다리(무지개 다리)가 지어지기 전, 배가 드나들 만큼 너르고 깊었던 강을 건네어 주던 것은 뗏목이었으니, '벌교筏橋'의 땅 이름이 비롯되는 뜻을 지허 스님은 그렇게 푼다.

금화산(존제산) 동쪽 기슭에 자리한 징광리, 마을이 앉은 곳은 18세기 중엽에 폐사가 된 징광사의 권역이었다. 나말 또는 고려 초에 창건되었다는 이 절은 서산 스님 이후 한때 '북 보현사(묘향산), 남 징광사'로 불릴 만큼 영향력 있는 큰 절이었다. 재는 이쪽과 저쪽을 갈라 놓는 경계가 아니라, 오가야 할 뜻이 있는 발길을 이어 주는 목이 되는 바, 조계산의 송광사와 선암사 스님들이 이 곳 징광사를 오간 흔적은, 백이산과 금화산 사이의 재를 '법을 거량한다'는 뜻인 '석거리'라 부른 데서도 찾아진다. 금화산에 해가 뜨면 맨 먼저 맑은 햇살이 가 닿는 동리였을 징광澄光 마을 가는 길, 지허 스님은 오늘 석거리재를 넘어간다.

땅이 풀리니 꽃은 새 뜻을 품고
얼음이 녹으니 물은 옛 소리를 내네
地泮花新意
氷消水舊聲
월송 혜문, '천룡사' 중

　잔풀나기 때를 넘긴 산과 들은 온몸이 하루가 다르게 부풀어 간다. 산 아래 마을은 벚꽃이 제 세상을 만났다. 곧이어 산벚 나무도 초파일 연등처럼 온 산을 환히 밝힐 터였다. 조팝은 또 어떻구. 먼지잼으로 몇 번 휘뿌리다 만 빗줄기, 빗밑은 질지 않아 징광리 봄볕은 고양이 눈알처럼 말개졌다. 솔나무 그늘은 진달래가 몰아 내고, 산자고, 할미꽃, 주름꽃, 양지꽃, 얼레지, 층층이풀은 더 낮은 땅에서 피어나 진달래가 놓치는 틈사리를 메운다. 촉목보리觸目菩提!
　법사法師를 따라 불전에 든 행자가 불단에 모셔진 부처에게 침을 뱉었다. 버릇이 없구나! 깜짝 놀란 법사가 행자를 나무라자 행자가 말했다. 부처님이 계시지 않는 곳을 이르십시오. 거기에 침을 뱉겠나이다.
　낮은 땅을 휘덮은 꽃다지 무리가 천지를 뒤흔드니, 그 가녀린 몸으로 전하고 싶은 땅 아래 세상 소식이 있는 모양이었다.

　열두 살에 이르도록 말도 못하고 땅을 기어다니던 뱀복(사복)이는 어미가 죽자 원효를 찾아갔다.
　"그대와 내가 그 옛날에 경을 싣고 다니던 암소가 죽었다. 함께 장사 지내자꾸나."

원효는 시신 앞에서 해탈을 빌었다.

"나지 마라. 죽는 것이 고통이니라. 죽지 마라. 나는 것이 고통이니라."

뱀복이가 원효에게 한 수 가르쳤다.

"말이 번거롭구나. '사는 것도 죽는 것도 고통'이라 하면 될 걸."

그리고는 읊었다.

"그 옛날 부처님은 사라수 사이에서 열반하셨는데, 지금도 그와 같은 이가 있어 연화장 세계로 들어가려 하네."

노래를 마친 뱀복이가 띠풀 한 줄기를 뽑자, 뽑혀 나온 풀뿌리 아래 펼쳐진 세계는 명랑하고 청허한 세계, 칠보로 꾸민 누각이 있으니 인간 세계가 아니었던 곳. 뱀복이가 어미를 업고 그 속으로 들어가니 땅이 합해졌더라 했다.

마을 초입의 얕은 언덕, 해 바른 땅에 한 무리 흰 옷 입은 사람들이 모여 있다. 환한 봄에 어두운 땅을 열고 아주 묻히려는 이, 달구질도 끝났는지 곧 떠날 참인 듯한데도 무성 영화 속 사람들처럼 그 움직임이 고요하다. 선운사 영산 스님이 죽은 이를 천도하려 하되, "옛 사람도 이렇게 갔고, 오늘 사람도 이렇게 간다" 했다. 뒤따라 영가 앞에 선 허주 스님은 말이 없다가 돌아 내려오며 말했다. "뒷사람도 이렇게 갈 것이로다." 서두르는 바도 머무는 바도 없이 묏봉 앞에 앉아 있는 노인은 이 이치를 깨달았음에 틀림없었다.

가신 이.

침굉 스님은 이 금화산 상봉의 상암에서 입적했다. 서산의 법을 이어 받았던 영월 청학이 침굉을 징광사 조실로 모셨으나, 후학을 제접하는 일마저 본분사가 아니라 여기어 상암에서 정진하다가 열반에 든 것이다. "내가 죽은 후 쓸데없이 화장하여 뿌리려는 이는 나의 백대百代 원수이다. 내 시신은 개울가 수풀 아래 두어 굶주린 새나 짐승이 먹게 해라." 자신을 시봉하던 윤 행자마저 선암사로 내려 보낸 뒤, 서쪽을 향해 단정히 앉아 홀로 열반에 든 그분이 남긴 유서의 내용이 그러했다.

유지를 받들어 시신을 삼 년 동안이나 바위 틈에 모셔 두었으나 짐승이나 벌레가 다친 흔적이 없더라 했다. 그러나 삼 년을 지낸 뒤에 다비를 하려고 하자 시신은 저절로 불길에 휩싸여 재로 화하니 그이가 몸으로 가르친 바가 없지 않았다.

일곱 현녀賢女가 시다림屍多林(시신을 버려 두던 곳)을 지나다가 그 중 한 현녀가 물었다.
— 시신은 여기에 있는데 사람은 어디로 갔을까요.
— 아우여, 아우여, 어디에 있는가. 〔그렇게 묻는 네 자신이 바로 진여眞如인데 사람(法)을 어디서 찾는가.〕

이에 제석이 하늘에서 꽃을 뿌리며 찬탄했다.
— 반야의 도리(空)를 잘 설명하셨나이다.
제가 보시할 것은 없겠냐고 묻는 제석에게 현녀가 세 가지를 들어 보이자, 없는 것이 없다던 제석은 자취를 감추고 달아났다.

이 일을 두고 장로 종색이 상당하여 말했다.
— 제석이 현녀들의 주문에 삼천 리 밖으로 달아났구나. 현녀들이 '뿌

리 없는 나무'를 찾았을 때 '이 시다림'이라 하고, '음지와 양지가 없는 땅'을 찾았을 때 '봄이 오면 풀이 절로 푸르다' 하고, '불러도 메아리 없는 산골짜기'를 찾을 때 '돌덩이가 큰 것은 크고, 작은 것은 작다'고 답했어야 했다.
그리고 읊었다. "부르고 대답하면서 가고 오느니(相喚相呼歸去來), 만 호 천 문마다 봄빛이 한창이로구나(萬戶千門正春色)."

침굉 스님에게는 제자가 둘 있었으니 호암 약휴와 호연 계음이 그들이다. 침굉의 맥은 끊어졌다 하나 선암사 4대 중창주의 한 사람인 호암 스님은 그이가 놓은 선암사 홍교와 원통전(관음전) 따위에 남아 있고, 호연 스님은 지금까지 남아 있는 글로 적힌 선암사의 역사 가운데 가장 오래된 사적기로 살아 있다. 침굉 스님을 시봉했던 윤 행자는 거사의 몸으로 평생을 선암사에서 지내면서 괘불과 팔십화엄의 7처 9회 설법 장면을 담은 화엄 탱화를 남기어 오늘에 전하는 금어金魚 쾌윤이었다.

풀 한 줄기로 지은 절

마을은 구비를 돌자 문득 나타났다.
뿌리를 적실 만큼 비가 내리지 못한 탓인가. 석축을 쌓고 땅만 갈아 놓았을 뿐, 땅에 엎디어 일을 하는 사람이 없다. 스물 남짓 집들의 절반은 빈 듯해 보이는 마을, 사람 기척 없는 돌담 고샅길로 벌 떼만 잉잉거렸다. 눈이 물커진 할머니가 툇마루에 오두머니 앉아 있는 집을 지나, 낮은 담 쳐진 집 안을 들여다본다. 임자 없는 집, 피었으나 보는 이 없으니 무안하여 혼자 지는 동백 나무 한 그루만 있다.

뜰의 나무는 집 주인 떠난 줄도 모르고
봄에 다시 피우네 지난 날의 그 꽃송이
庭樹不知人去盡
春來還發舊時花
잠삼, '산방山房의 봄'

주초석과 장대석 등의 석재가 보이기로, 정면 3칸 측면 3칸의 법당이 있던 곳이라 짐작되는 마을 한가운데 자리에는 여염집이 들어선 지 오래이다. "꽃이 옥섬돌에 밝게 피고, 잎이 금난간에 그늘지며, 시내에는 구슬 연못이 울고, 소나무에는 흰 눈이 나부끼며, 달이 비추는 산협과 별이 비추는 다리며 금벽金碧이 찬란하고, 구름이 가고 오는 천태만상이 호남의 으뜸"(침굉이 지은 '금화산 징광사 영산전 중창기' 중)이던 곳에 앉은 사가私家에서는 누렁이 한 마리가 낯선 사람을 경계했다.

나말, 이 땅에 선종의 씨앗을 묻었던 아홉 개 선문 가운데 사자 산문의 개조改組인 철감 도윤이 이 곳에 석장錫杖을 드리웠던 뒤로, 영월 청학, 백암 성총, 무용 수연, 묵암 최눌, 환성 지안, 월담 설제, 취미 수초, 눌암 식활, 진묵 일옥 등이 강석을 펴거나 좌선했던 곳, 상암, 중암, 실상암, 사성암 등, 이 산의 양앳골, 물방아골 등에 들어선 산내 암자가 열두 곳에 이르렀던 곳, 「화엄경 회현기」, 「화엄경 연의」, 「금강경 간정기」, 「기신론 필삭기」, 「원각경 요해」, 「정토 보서」, 「대명 법수」 따위의 책을 목판에 새기어 찍어 내기도 한 곳이다.

크게 한 번 앉았던 자리, "물건의 이루어짐과 헐어짐이, 아침이 있으면 저녁이 오는 것과 같아서 새삼 놀랄 일이 없다"(침굉) 하였다. 침굉 스님이 입적한 뒤 백 년도 못 되어 절은 폐사되고 만다. 이 산 골짜기에는 아직까지 더러 남아 목숨껏 자라고 있는 닥나무가 있다. 지난 날 이 곳에서 성하게 자랐기로, 나라의 영을 받고 종이를 떠 대는 일에 지친 징광사 대중들이 스스로 절에 불을 질러 회진시키고 말았다 함은 '어림없는' 일이었다. 절이 사라진 것은 법을 잇는 스님이 사라지고 말았기 때문이라고 지허 스님은 생각한다.

금전산 중턱에서 너른 낙안 벌을 굽어보고 있는 금둔사에는 봄이 되면 인근에서 가장 먼저 붉게 꽃을 피우는 토종 홍매가 있어 주위를 화사히 물들인다. 사람들이 몰려와 그 나무 아래에 꽃 그늘로 서 본다 한들, 정작 "문 앞 복사꽃과 배꽃은 일이 많으니(門前桃李還多事), 만 떨기마다 붉게 내뿜는 고불의 마음(萬朶吐紅古佛心)"(경허)을 알지 모를지. 도량에 홍매를 심은 속마음이 그러했던 지허 스님이 금둔사를 복원한 것도 사백 년 만이었다. 있다가도 스러지고, 사라졌다가도 다시 생겨나리라.

아침 이슬에 곱게 단장하고
저녁 바람에 향기를 내뿜지만
하필 잎 떨어진 뒤에야
비로소 공空임을 아네

艶冶隨朝露
馨香逐晚風
何須待零落
然後始知空

법안 문익, '모란꽃을 보니' 중

    마을을 울타리 삼아 두른 동백나무 숲 길을 따라 산자락을 한 호흡 되짚어 오른다.
    인위로 조성된 넓은 터에 제 자리를 잃은 돌거북 한 마리가 있다. 그 위에 눕혀진 비신 없는 좌대는 다섯 자가 넘는 데다, 돌에 새겨진 화려한 문양은 나말이나 고려 초기 것으로 짐작될 만한 것이었다. 땅에 묻어 밭을 일구었던 땅 주인이 크게 앓고 난 뒤로 다시 땅 위로 드러내 주었더라 했다. 탑의 지붕돌은 구겨진 듯 땅에 박혔고, 먹줄을 퉁긴 듯 깨끗이 마름질된 것이니, 용처가 분명히 있었을 석재 또한 여기저기 묻혔거나 드러나 있다. 다듬새가 거친 돌확 하나도 땅에 기우뚱 앉아 있다. 기운 몸이 담고 있는 빗물에 비친 하늘은 단정하면서도 넓고 깊다. 천 년을 이 하늘로 오갔을 구름도 그 속에 한 장 떠 있다. 터를 둘러싼 감나무 몇 그루, 그 어름에서 사리가 담긴 자기 그릇이 나왔다고도 하고, 금불상과 종鐘이 발견되었다고도 한다. 그러했던들, 오늘 그 자취 헤아리기는 부질없다.
    내려다 보이는 산줄기, 좌로는 감고 우로는 내지르듯 뻗어 갔으나, 태극권 움직이는 사람의 팔처럼 유연하여 모진 데가 없다. 금화산 정상에서 비롯되어 마을 아래 징광제 둑에 이르러 잠깐 쉬게 되는 물줄기는 둘,

그래서 사람들은 이 곳을 물에 뜬 배의 형국으로 보았던가 보다. 법당을 기관으로 삼고, 옆에 섰던 두 아름이 넘던 당산나무를 돛대 삼아 물길을 헤쳐 가다가, 마을 자리에 짐을 부린다 여겼던 곳. 나무는 사라졌다. 벌교의 홍교와 같은 때에 조성되었으리라 여겨지던 계곡의 아름다운 무지개 다리도 없어졌다. 마을이 쇠락해져 감은, 다리를 길로 삼은 고양이(절)가 쥐(마을)를 덮치기 때문이라 여긴 어리석은 마음들 때문이었다.

절은 회진이 되었고, 마을도 쇠락해 가는 중이었다. 침굉 스님이 이 곳에 머물던 어느 해 봄날, "풀은 언덕 위 비에 살찌고 / 꽃은 난간 앞 바람에 나부끼는" 때, 꼭 오늘 같은 이 때에, "산골짜기는 봄을 지나면서 막히고 / 시냇가의 서당은 온종일 비어 있더라"고 읊었으니, 오늘 일을 내다본 시참詩讖이 아니었던가 모르겠다.

"큰 원각圓覺으로 나의 가람(절)을 삼고, 몸과 마음이 평등성지平等性智에 안거한다"(「원각경」) 하매, 이에 자수 첩은 한뜻이 되어, "둥글고 밝은 진각眞覺에는 영화도 쇠퇴도 없고 / 높고 낮은 만 떨기 꽃은 한길에 놓였도다" 하고 노래했다.

부처가 말했다.
– 여기에다 절을 지어라.
제석이 풀 한 줄기를 땅에 꽂으며 말했다.
– 다 지었습니다.
부처가 그 말을 듣고 [옳게 알고 있는 것이 기특하여] 빙그레 웃었다.

원만하여 어지러진 데 없는 본래 밝은 면목을 사람사람이 지니고 있음이었다.

그러나 제석이 땅에 꽂은 것이 하필 여리디여린 풀대였던고.

언젠가는 시들고 말 목숨 받은 것이었던고.

[보태는 이야기]

오랜 세월에 걸쳐 출가 본사인 선암사의 주지 소임을 보았던 지허 스님은 침굉 현변을 평생 동안 흠모해 왔으니, 침굉 스님의 오도처인 조계산의 비로암을 폐허에서 복원해 낸 것도 그이였다. 지허 스님 또한 한동안 그 곳에서 정진했다. 그이가 품고 지내 온 진영 사진의 주인공은 자신의 유향 속에서 공부를 짓는 지허를 어찌 여기었던가, 주지 소임 중에 고치려고 뜯어 낸 원통전 마루 밑에서 당신의 유고를 슬며시 드러내 보였다. 다비마저도 마댔던 분이니, 당신이 그래 두었을 리는 없겠다. 침굉 스님이 떠난 뒤로, 글들을 수습해 둔 후학들이 그이의 추상 같던 뜻을 거스르지는 못한 채 마룻장 아래 두어 두고 세월 흘려 보냈을 것이다. 그렇게 흘러가다가 지허 스님에 이르러 돌부리에라도 걸린 듯 멈춰 서니, 침굉 스님의 면모는 그 글들로 좀더 온전히 세상에 드러나게 된 셈이다.

죽 끓일 때는 죽만 끓인다

그이가 뿜어내는 활기는 '재미 없는' 선방을
자주 유쾌하게 뒤흔들어 놓는다.
그러나 도반들은 모르지 않는다. 승랍 삼십 년째인 그이가
묵언默言 정진을 한 세월이 십오 년이 넘는 줄을.
묵언 끝에 굳어진 혀를 다라니를 외어 풀곤 했던 그이를.
그러나 꿈 속에서 말하는 법을 잊은 자신이
이제는 더 이상 당황스럽지도 않은 그이를.

저 구름같이 환한 계단

육긍 대부가 남전 보원에게 물었다.
— 조조(肇) 법사가 '천지가 나와 한 뿌리요, 만물은 나와 한몸'이라 했는데, 알아듣기 매우 어렵습니다.
남전 보원이 문득 뜰 앞에 핀 꽃을 가리키며 말했다.〔南泉指花〕
— 세상 사람들은 이 꽃 한 그루를 〔그것이 바로 나인 줄도, 내가 꽃과 하나가 된 줄도 모르고〕 꿈 꾸는 것처럼 바라만 보지.
이에 설두 중현이 읊었다.

듣고 보고 느끼고 아는 것이 따로가 아니고
산과 물의 경관이 거울 속에 있지 않다
서리 내린 하늘에 달 지고 밤은 깊으니
누구와 함께 하랴, 맑은 연못에 차갑게 비치는 그림자를
聞見覺知非一一
山河不在鏡中觀
霜天月落夜將半
誰共澄潭照影寒

"홀딱벗고새가 벌써 우네. 곧 뻐꾸기도 울것고나."

이 산중의 봄은 늦다. 산 아래보다 보름은 늦을 것이다. 누가 저 아랫녘 봄소식을 이 곳까지 전해 주었나. 종무소 화병에 꽂혀 있는 벚꽃을 본 다음 날이었다. 도량석 소리에 깨어난 잠, 어둠 속에서도 익숙하게 문 열고 나가 입 속을 헹구려다 말고 수각 전두리를 붙들고 엉거주춤 일어섰다. 가릴 것 없는 머리 위로 거침없이 떨어져 내려앉는 것이 있었다. 비인가 했더니 눈이었다. 푸르스름하게 열려 오고 있는 새벽 하늘에서 설엽 스님 눈에 환幻으로 보이는 것이 있었다. 무리지어 핀 벚꽃.

저 구름같이 환한 계단을 밟고 올라가면 필경 극락에 이르리라. 그 꽃이 만발한 철에 머리를 깎았었다. 인천 용화사에서 들은 전강 스님의 말씀 한 마디가 할이 되어 그이를 내리쳤던 것이다. 화두를 들되, 돌아가신 부모 생각하듯이만 하라는 말씀에 '속았다'. 보름에 한 번, 한 달에 한 번만 화두를 들면 될 줄 알았다. 떠나신 부모 생각하는 일이 그렇게 성글었고나. 무인생, 이후로 사는 것은 덤이라는 예순 살을 넘긴 지도 다섯 해, 애쓴 바 없지 않으나 이룬 바 있었나. 당나귀해(驢年)에나? 설엽 스님은 한숨을 호, 내쉰다.

아침 발우 공양을 끝내고 나오니, 새벽에 휘뿌리던 것이 눈이었나 먼지였나, 이미 한껏 푸르러진 산이 눈에 성큼 가깝다.

비 온 뒤 봄산은 물결처럼 굽이치고
그 파란 빛 사이사이 흰구름 가네
흰구름 흩어지면 산봉우리 드러나
산 너머 산이요, 그 너머 또 산이네

雨後春山勢萬般
最燐最翠白雲閑
白雲散處頭頭露
望盡遠山山外山

진각 혜심, '비 온 뒤 산'

    이 곳 위봉사에서 공부를 지어 온 지 십여 년, 지난 해에사 남원에 선방이 한 군데 개원되기는 했으나, 호남 지방 최초의 비구니 선방이다. 마흔 다섯 평 규모의 선방은 스무 명 남짓 앉으면 고작이다. 그러나 많을 때는 마흔 명도 넘는 수좌들이 방부를 들이는 곳이다. 문턱이 없는 곳, 시방에서 몰려 든 선객들이 석 달 안거 때나 한 달 보름 산철에나 일매지게 하루 아홉 시간씩 성진한다. 전강 스님의 법문을 테이프로 듣거나, 인천 용화사로 가서 전강 스님의 법좌를 물려받은 송담 스님의 법문을 듣는다.

    결제 때는 몸을 한 곳에 두어두고 마음을 챙기다가, 해제 때면 마음을 챙기면서 몸을 산천에 맡기고 떠돈다 하나, 참된 공부인에게 결제 해제가 따로 있으랴. 그이가 바깥출입을 하는 일은 드물다.

    일곱 살 먹은 아이라도 나보다 나은 데가 있다면 찾아가 물으리라. 조주는 사십 년 세월 동안 시봉하던 스승 남전이 입적하자, 나이가 팔순에 이르도록 선지식을 찾아 제방을 행각했다. 설엽 스님 또한 수승한 도량을 찾아 좌복을 펴고, 선지식을 찾아 말 묻기를 수고로와하지 않으니, 그 기개는 스승을 찾아 천산千山을 넘는 납승의 그것이라 할 만했다.

    부딪쳐 깨달아라. 길바닥에 주저앉아 집에 가려느냐. 깨닫고자 하는 마음만으로는 안 된다고 옛 사람은 일렀다. 백 척 높이의 바지랑대 끝에 올라서게 되었더라도 거기서 한 발 더 나아가야 한다 했다. 화두, 그 길 끝에 이르는 사다리로 삼는 것. 조사가 서쪽에서 오신 까닭이 무엇입니까. 조주는 말했다. '판때기이빨에 털 난 것'이다. 그이가 전강 스님에게서 탄 화두가 판치생모板齒生毛, 그러나 판때기이빨(앞니 두 개)에 털 난 뜻을 살피지 말고, 그 말을 한 조주의 뜻을 알아채야 한다 하셨다. 화두를 지어 감에 망념이 일어나지 않을 수 없으나, 일어나는 망념이 무엇이든 간에 그것은 상관 말고 두려워도 마라. 그대로 내버려 두어라. 그저 알 수 없는 의심만 끊이지 않게 자꾸 이어 주어라. 물러나지만 마라, 하셨다.

　좌복 위에 부도라도 된 듯이 앉아서 서른 번 봄을 맞았다 하되, 삼백육십 뼈마디와 팔만사천 털구멍을 모두 써서 제 몸이 의심덩어리 하나로 되게 하기는 했던가. "눈썹을 허공에다 매어 두고, 바늘 끝도 물 한 방울도 스며들 수 없도록" 견밀하기는 했던가. "바둑돌을 한 곳에 두어 두고, 거기에 매이어 죽은 바둑돌을 붙들고 있지도, 양쪽 끄트머리에 돌을 놓은 채 망망하고 탕탕한 곳을 바라보듯 하지도 않았던" 융활함(박산 무이, 「참선경어」)이 있었던가. 여름철이면 엉덩이가 짓물러 앉아 있기 힘들었고, 육신을 지탱하는 두 다리의 관절은 절단 나서 성하게 걷기가 힘들었던 세월이다. 그러나 여전히 그것은 "맛보려 하면 마치 나무로 끓인 국과도 같고, 무쇠 못으로 만든 밥과도 같은 것, 가까이 하려하면 [닿기도 전에 베이고 만다는] 취모검이나 불길과도 같아서 가까이 할 수도 없으며, 눈으로 보자면 번갯불이요, 귀로 듣자면 독 바른 북 소리, 속으로 들자 하면 가시덤불이요, 뚫으려 하면 마치 무쇠로 된 절벽과도 같다."(천목중봉, 「동어서화(東語西話)」)

혜능의 제자인 혜충 국사는 시자를 세 번 불렀다. 시자는 세 번 대답했다. 혜충은 말했다. "너는 내가 너를 저버렸다 하겠지만, 〔세 번을 불러 나는 혀가 땅에 떨어질 지경인데 너는 말귀를 알아듣지 못하니〕 실은 네가 나를 저버린 것이다." 사자는 〔과연〕 짐승 중의 왕이라 흙덩이를 던지면 사람을 물고, 개는 〔어리석게도〕 흙덩이를 쫓는다더니, 한자리에서 같은 법문을 듣고도 도인은 마음을 취하고, 범부는 경계를 취한다.

언하에 대오(言下大悟)하라. 천화遷化, 1975년도에 열반하신 전강 스님은 여전히 이 곳에서도 장군 죽비를 휘두르고 계신 셈이었다.

잘 보라고 북을 쳐도 그대는 못 보누나
봄이 오면 저 꽃들은 누굴 위해 피는가
打鼓看來君不見
百花春至爲誰開

설두 중현, '벽암록 제5칙' 중

밭두렁에 편 좌복

내게 손가락만한 절이라도 있다면, 마음을 다해 스님들을 공양하리라. 옛 사람이 이른 바 있거니와, 1988년도에 주지 소임을 맡게 된 법중 스님의 뜻 또한 그러했다. 설엽 스님이 선방 도반이던 그이와 함께 이 곳을 찾앉을 때에 그만 맥이 놓여 주저앉고 말았다. 일제 시대 때에 31본산의 하나로서 46개 말사를 거느린 대찰이기는 했던가. 당장 비를 가리기도 어려울 만큼 퇴락한 곳, 일곱 대중이 도량을 소제하는 데만 석 달이 넘게 걸렸다. 그 때부터 시작된 불사, 대중이 모두 나서 화주를 해야 할 판에, 그이는 일꾼들의 찬거리나마 뒤대려고 땅을 일구어 씨를 묻었다. 그렇게 시작한 농사일이다.

"경계? 농사 짓는 일에서는 한 경계가 없지 않았습니다."

그이가 코를 묻고 가꾸는 푸른 푸성귀가 눈에 좋았던지, 아직 이 나이토록 돋보기는 일없다. "앞이 화안해요, 앞이." 십 년 세월 좌복과 함께 펴 온 밭두렁 좌복, 도감 소임을 맡고 있는 그이가 웃으며 하는 말이다. 외연外緣을 끊고 좌복 위에 고요히 앉아 이룬 것은 삿된 정이라고 옛 사람은 꾸짖더니, 그래서 복숭아를 따다가도 문득 정定에 들고, 호미로 밭을 매다가도 문득 정에 든다더니, 그이 또한 푸른 생물 거두다가 힐끗 본체를 보아 버리셨던 게지.

부처도 걸식으로 육신을 지탱했거니와, 부파 계율에서 엄격히 금지되었던 노동은 백장에 이르러 산문을 자립시키는 중요 덕목으로 천명되었다. 성인聖人이 떠난 지 오래 되어, 도를 이루려는 생각도 성글어지고 알음알이만 더욱 성해진 때에 쓰게 된 방편, 그러나 백장이 지은 「선원청규」는 직지인심直指人心의 도에 어긋나는 것이 아니었다. 육조도 밤늦도록까지 방아를 찧는 수고를 아끼지 않았었다.

그저 마음을 오로지 할 뿐이니, 죽 끓일 때는 죽만 끓인다!

한 스님이 대주 혜해에게 물었다.
― 스님은 어떻게 수행에 진력하십니까.
― 배 고프면 밥 먹고, 피곤하면 잠잔다.
― 다들 그렇게 합니다. 어떻게 다릅니까.
― 그들은 밥 먹을 때는 밥 먹는 일과 하나가 되지 않고, 잠잘 때는 잠자는 일과 하나가 되지 않고 이것 저것 쓸데없는 생각에 잠긴다.

부처가 비 오는 날 가섭에게 말했다. "삼천 대천 세계의 땅 위에 자라는 나무와 풀이 많지만, 저마다 그 이름과 모양이 다르다. 구름이 가득히 퍼져 일시에 큰비가 내리면 모두 크기에 따라 비를 맞느니라. 한 땅에서 자라고 같은 비를 맞는다 해도, 그 종류와 성질에 따라서 꽃 피움과 열매 맺음이 모두 다르니라." 여래가 이 땅에 오심은 [그 은혜로움이] 큰 구름이 일어남과 같고, 비처럼 누구에게나 평등하게 내리지만, 근기에 따라 받아들임에 차별이 있다 하시었다.

춘, 하, 추, 동이라 함도 사람이 나누어 붙인 이름이다. 그런 구분 모르는 채로 초목은 싹을 틔우고 열매를 맺어 놓는다. 얼어붙었던 물이 녹아 초목의 뿌리를 적시기 시작하는 우수가 지나고, 개구리가 깨어나 땅뜀을 하기 전에 밭에는 거름이 묻힌다. 설엽 스님은 그 땅에 온갖 채소를 다 가꾼다. 씨를 묻되 달이 이울어 가는 때는 삿되니, 온 달을 향해 배를 불리어 가는 때인지를 확인한다. 봄에는 정월 해제 전에, 가을에는 입동 백사십 일 전에 파종을 한다. 청명과 곡우 즈음, 이미 온실에서 두어 달 키운 것으로 모종을 내면, 잡초와 벌레에 견디는 힘도 더 세어진다. 풀도 사이좋게 자라는 단정하지 못한 밭, 그러나 그 곳에서 거두어 내는 채소는 맛나기로 소문나 있다.

연중 두 번 거두는 양배추 기르는 법.

일찌감치 퇴비를 넉넉히 밑넣어 둔 밭에 모종을 내되, 다 자란 이파리가 서로 닿지 않을 만큼 띄워 심는다. 고것들, 성깔 한번 맵짜고나. 함께 살되 혼자 가는 길, 불설여사不設餘事, 공부 짓는 이야기는 일절 나누는 법이 없는 고약스런 선객들과도 같고나. 별난 밥, 물 한 말에 큰 국자로 수북이 떠 낸 된장을 풀어 넣은 것, 그것을 속이 차오르려고 잎을 오므리기 시작할 때 준다. 인근의 된장 공장에서 웃더껑이진 것 거두어 오는 일도 그이의 몫이다. 한 번 거두어 낸 밭에는 연작을 하지 않는다. 한 해는 걸러야 한다. 그래야 잎이 달다.

비트, 컬리플라워, 브로콜리, 청경채 등은 백화점에 선도 보이기 전부터 가꾸기 시작했다. 그이의 농사일이 호가 나자 외국에 나갔던 사람들이 종자를 들여와 건네주었던 것이다. 쌀과 두부 따위만 해결 못하고 들여다 먹지, 콩나물도 시루에 앉혀 키우는 등, 대중을 위한 반찬거리는 온전히 자급한다.

내생에 비구 되면 무엇 하나

마음은 언제나 새벽같이, 입은 굳게 다물고
바보처럼 그렇게 가라

心常了了口常默
且作伴痴方始得

진각 혜심, '요묵에게(示了默)' 중

이 곳도 곧 환해질 터였다. 원추리, 진달래, 산벚, 조팝···. 무덤가에는 산자고, 꿀풀 피어난 끝에, 황금색 애기똥풀, 찔레꽃도 못 견디게 피어날 것이다. 이 철에는 좌복을 걷어차 버려야 옳다. '꽃 지면 그 깊이가 한 척(落花深一尺)'이라 했으니, 높게 자란 꽃나무 아래로 길 하나 또 저절로 생겨나고 말 것이다.

"진복아, 앞장 서라. 밭에 가자."

절에 함께 사는 네 마리 중에 유독 그이에게 이쁜 놈, 커다란 털실 뭉치 같은 진복이가 저 먼저 달려 나간다. 개 한 마리 앞세우고, 가까운 데는 천 걸음 남짓, 멀면 이천 걸음쯤 떨어져 있는 밭, 그 곳을 그이는 오토바이를 타고 오간다. 다리가 시원찮은 그이를 위해 도반들이 환갑 선물로 사 준 것이다. 법당에서 법회가 있는 줄도 모르고 도량을 부웅 질러 가다 무안을 당하기도 한다. 지대방에서 깔깔거리고 웃다가 입승 스님에게 핀잔을 듣기도 한다. 그이가 뿜어 내는 활기는 '재미 없는' 선방을 자주 유쾌하게 뒤흔들어 놓는다. 그러나 도반들은 모르지 않는다. 승랍 삼십 년째인 그이가 묵언默言 정진을 한 세월이 십오 년이 넘는 줄을. 묵언 끝에 굳어진 혀를 다라니를 외어 풀곤 했던 그이를. 그러나 꿈 속에서 말하는 법을 잊은 자신이 이제는 더 이상 당황스럽지도 않은 그이를.

그이는 중얼거린다.

"필담筆談이 섞이었던 세월이니, '십오 년 묵언'이란 당치 않소."

산문에 규율이 없을 수 없다. 위봉선원 대중이 지켜야 할 입중오의入
眾五意 가운데에도 지차서知次序가 있거니와, 시렁 위 발우에도 놓이는
순서가 있고, 미음자로 트임 없이 둘러앉는 선방에도 좌차가 있는 것이
다. 그이의 명령을 받자온 행자 하나가 유행가 가락 위에 노래 한 곡 얹
는다.

내생에 비구 되면 무엇 하나
이생에 성불하면 그만이지

웃다가, 그이는 울었다.

달빛기행

서늘해지는 산, 어두워지는 숲 속으로
길 한 줄 띠처럼 떠오른다. 지천으로 피어난 개망초 꽃 무리,
잎과 줄기는 못물과 같은 어둠 속으로 잠기고
꽃잎만 실상實相으로 환히 떠오른다. 가늘고 긴 풀벌레
울음소리, 그것이 일으키는 물 무늬에 개망초 흔들리고,
강아지풀, 까치수염, 오이풀도 함께 흔들린다.

오뉘탑과 괭이밥

나라 안에서 명산으로 손꼽히는 산 중에 계룡산만큼 내숭을 떠는 산도 드물 것이다. 계룡이라 함은 상봉을 비롯한 허다한 봉우리들이 마치 용의 머리에 닭의 볏을 단 듯하여 붙은 이름인데, 권속 산들이 그 중에 어느 봉우리 하나 홀로 빼어나게 솟구쳐 올려 놓지 못하여, 멀리서 보면 그저 어리무던한 한 떼의 산 무리처럼 보인다. 그러나 정상에서 누릴 수 있는 탁 트인 전망과 함께, 그 숱한 봉우리들이 품은 골짜기 속으로 들어가 보면, 겉보기와는 딴판인 절경이 펼쳐지니 내숭도 그런 내숭이 없다.

계룡산을 이루는 여러 봉우리 가운데서도 형상이 부처 세 분이 좌정하고 계신 듯하여 '삼불봉'이란 이름이 붙은 데는, 비구니 강원이 있는 동학사가 뒷배로 삼고 있는 봉우리이다. 나라 안 네댓 군데의 비구니 강원 가운데서도 전통이 가장 오랜 곳이니, 이즈음 비구니 강원에서 학인을 길러 내는 강사 스님들의 거개가 이 곳 출신으로 이루어져 있는 만큼, 의도적으로 그리 하실 바는 아니나, 은연중에 드러날 짱짱한 가도家道 의식 같은 것은 있음직할 터였다.

「감결」이나 「격암유록」 같은 예언서까지 관심 둘 것은 없지만, 수승한 수행 도량으로서의 전통을 세워 온 일이 지령의 음조陰助 없이 될 수 있는 일이었겠는지, 옷깃을 여미고 한번 생각해 보는 것이다. 동학사 스님들은 이 삼불봉보다는 가까이에 있는 '문필봉'을 뒷배로 삼으시는데, 그것은 좋으실 대로 하시되, 암만 그래도 '붓'보다는 '부처님'이 한 수 위가 아니겠는가, 그리 여겨지기도 하는 것이다.

출가.
삼엄한 초심으로 머리를 깎고 평생 수지해야 할 계를 받으니, 정식 스님이 되기 전에 받는 사미계가 열 가지, 비구 스님들은 이백오십 가지, 비구니 스님들은 삼백사십여덟 가지 계로써 스스로를 지켜 나가게 된다. 계는 자신을 위한 것일 뿐만 아니라 승단의 화합을 위한 것이기도 하다. 산문에 들어 중물을 들여 나가는 초장에는 독살이보다는 대중살이가 두루 유익하니, 삼밭에서 자라나는 쑥은 곧고 푸른 삼대에 의지하는 바가 크기 때문이다. 온전한 대중살이를 위해 규율로 강제되는 바는 당연히 혹독하겠으나, 스스로가 만 가지 행의 주체로 서게 되면 그런 것 모두 일 없이 되어 버릴 터였다. 그러나 그 일이 여의치 않다. 굽은 나무가 산문을 지킨다 했다. 안이비설신의가 지어 놓는 색성향미촉법의 경계가 모두 환幻인 줄을 깨닫는 과정이란, 쓸모없는 굽은 나무와도 같은 우직함이 바탕이 되지 않으면 견디기 힘든 인고의 길임을 역으로 이르는 말이다.
해제가 꼭 한 달 남았으니 강원이나 선방이나 공부로써 자신을 다그쳐 나가는 서슬은 한여름 푸른 벼논과 다를 바 없을 터였다.

동학사 홍살문 앞에서 갑사로 가 닿게 된다는 산길로 접어든다. 남매탑 1.6킬로미터, 안개가 짙어 몸을 휘감아 오는 것은 거의 물방울에 가깝다. 동학사 학인 스님들, 때로는 공부도 놓고 안행雁行 지어 포행도 가시련만, 오늘은 스님커녕 속인의 발길조차 뜸하다.

한 시간 산길 끝에 두 탑은 있다. 봉우리쪽 칠층 석탑과 마을쪽 오층탑, '남매탑'이라고도, '오뉘탑'이라고도 불리는 두 탑은 지척지간으로 가깝다. 두 탑 사이의 손 닿을 듯 안타까운 거리를 누이를 품을 수 없는 오랍의 애절한 심사로 읽는 것은 중생심이다. 전설은 그런 마음이 지어낸 것일 터였다.

오늘은 안개에 휩싸인 산, 산 아래 사바는 온데간데없다. 그들이 버린 속연, 그러나 함께 취해 간 증득에의 길이다. 불사의 가연佳緣이 비롯되는 곳에 범이 등장하는 것은 풍기의 희방사, 나주의 불회사 등에서도 찾아볼 수 있는데, 오랍과 누이로 인연이 시작되는 이 곳도 그러하다. 통일신라 어느 때에 이 곳에 암자를 짓고 사는 스님에게 범이 찾아온다. 목에 걸린 가시를 빼내 준 스님에게 범은 상주 큰애기를 물고 왔다. 혼례 전날 사라졌다가 스님과 함께 나타난 딸, 그의 부모는 그것을 사람의 힘으로 바꿀 수 없는 인연 도리로 읽고 스님에게 딸을 의탁한다. 산으로 돌아온 두 사람은 비구와 비구니로 함께 도를 닦다가 한날 한시에 열반한다.

도도 닦지 않고 참선도 하지 않으니
향은 다 타서 향로에는 연기가 없네
道不修禪不參
水沈燒盡爐無煙
태고 보우, '태고암가' 중

열반한 그들 몸에서는 쌀알 같은 사리가 나왔다 하거니와, 몸을 버린 길 끝에서 얻은 것은 무심지경이었을 터였다. 어묵동정語默動靜, 행주좌와行走坐臥, 몸으로 짓는 태가 어떠하든, 그 태를 구별짓는 온갖 분별은 뜻없이 사라져 쉬어진(休) 경지였을 것이다.

이지러진 옥개석, 몸돌 위에 피어난 지의地衣, 이 산중에 떠 다니는 흙먼지도 있었던가, 필경 먼지를 붙들어 태胎로 삼았을 저 이끼 낀 탑이 가리키는 하늘은 아득하여 함께 처다보지 못하겠다. 그저 탑이 뿌리 박은 검은 진흙 땅, 돌틈 사이 안쓰러이 싹을 틔우고 노란 꽃을 단 괭이밥만 내려다본다. 그것들이 달고 있는 이슬, 햇발에 가뭇없이 사라질 그것들만 헤아려 본다.

이 오뉘탑에서 보는 둥근 달은 장하여 계룡 8경 중 하나로 꼽힌다고 안내판은 이른다. 탑은 둘이 남긴 수다한 사리를 넣고 세운 것이라 하거니와, 우주가 무너져도 없어지지 않을 진여를 형상 지어 나타내 보임이었다. 희유希有하구나! 깨닫고 난 부처에게 실유불성悉有佛性의 이치는 밤하늘 별과도 같이 아름답게 다가왔거니와, 중생이 저마다 마음에 품었다는 부처의 마음으로부터 우주는 비롯될 터였다. 미혹이 사라지고 윤회의 고리가 끊어지는 해탈에 이르기까지, 법을 위해 버려야 할 몸, 그러나 오늘 젖은 산에서는 그 슬픈 몸에 대해 생각한다.

마음처럼 그 길이 쉬운 것이라면 '수행'이라 따로 이름지어 부를 일 있겠는가. 물푸레나무, 졸참나무, 까치박달나무…. 탑 주위에서 자라는 키 큰 나무들은 우듬지 끝이 반 하늘을 가리키고 있기는 해도, 한결같이 산 아래 마을쪽으로 조금씩 기울어져 있다. 혹여 그것은 제가 버린 마을이 영 잊히지는 못했던 누이의 애달픈 마음은 아니었던지. 뒤에서 지켜보듯 슬쩍 비켜선 탑은, 말 없이 그 맘 헤아리던 오랍의 마음은 아니었던지.

석간수 약수는 오늘도 흘러넘치는데, 둘이서 의좋게 결가부좌하고 앉았던 띠집 대신, 오늘은 법당 하나 새로 세워져 두 탑을 시봉한다. 다리 긴 거미 한 마리 흰 고무신 속에 담기어 이 경계 저 경계 더듬는 오늘 늦은 오후.

이 경계는 본시 머물 수 없나니
그 누가 이 곳에 머물 집을 지었나
오직 저를 버린 자만이
가고 머묾에 걸리지 않네
此境本無住
何人起此堂
唯餘無己者
去住兩無妨
대혼자 무기, '무주암無住庵'

지리산 종이학

서건동진西乾東震, 급아해동及我海東. 인도 땅에서 일어난 불교가 이 땅에 전래된 일을 글 한 줄로 쓰면 그렇게 되거니와, 그 사이에 수도 없이 접히었을 고귀한 신명들에게 삼가 헌향하는 마음이 없지 못할 터였다. 조석으로 올리는 예불에서 승속이 함께 음성으로 공양하는 뜻이 그러하다. 신라는 세 가지 성씨의 임금이 백성의 안위를 주관하는 수호신이었기로, 고구려보다 일백오십 년이나 늦게 불법을 받아들인 신라가 삼국을 통일한 바탕은 남다른 불심으로 결집된 백성들의 호국 정신이었을 것이다. 백성들이 불법을 일상을 굴리는 바퀴의 축이자 구체적인 바퀴살로 삼았던 때, 그 때에 절들은 하늘의 별처럼 벌여 있고(寺寺星長), 연이어 선 탑은 기러기의 행렬과도 같다(塔塔鴈行) 했다. 평지 사찰, 넓은 땅, 번화한 마을 한가운데에 세워진 절은 출입에 저어함이 없었으니, 여염과 같은 등위等位에서 공간만 넓혀진 곳이라 할 만했다.

> 흐느끼며 바라보매
> 이슬 밝힌 달이
> 흰 구름 따라 떠간 언저리
> 모래 가르며 흐르는 물가에
> 기랑의 모습이로다, 수풀이여
> 일오*의 냇가 자갈벌에서
> 님이 지니시던 마음의 끝을 좇노라
> 아아 잣나무 가지 높아
> 눈도 덮지 못할 고깔*이여
>
> 충담, '찬기파랑가'

*일오逸烏: 지명(역주)
*눈도 덮지 못할 고깔: 높은 지조(역주)

그 옛날 삼월 삼짇날, 남산 삼화령에 계시는 미륵세존께 차 공양을 하고 돌아가던 충담 스님은 임금의 청을 받고 차 한 잔과 노래('안민가') 한 수를 지어 바치거니와, 그가 지은 '기파랑가'는 임금도 익히 알 만큼 동경 땅에 널리 퍼진 노래였다. 그 임금이 경덕왕, 뒤이어 등극하는 혜공왕 대에 이르면 쇠미해지는 국운의 징조가 빈발하게 되거니와, 기파랑을 기리는 노래가 울려 퍼지던 동경의 밤하늘, 들이 넓어 하늘 또한 드넓었던 그 곳에 뜬 것은 꽉 차서 절정에 이른 보름달이었다.

산중 유벽진 곳에 세워지는 산지 사찰의 연원은 신라 말 당나라 유학을 다녀온 스님들이 중국 조사의 전통을 따라 산중에 수행 도량을 마련한 데서 비롯된다. 심즉불心卽佛의 '불온한' 사상은 왕족과 귀족을 중심으로 흥왕했던 나말의 교종에 대한 강력한 항거 의미를 띠니, 지리적으로는 중앙(경주)의 통치력이 미치기 힘든 변방을 구해야 했던 절실한 까닭이 되기도 했을 것이다. 선종은 삼처전심三處轉心으로써 정법안장을 가섭에 전했던 부처를 원조로 삼으나, 서역에서 구도의 길을 떠나 중국 땅에 이르러 뜻을 편 보리 달마를 초조로 삼는다. 그러나 선의 종지는 6대조인 혜능에 의해 확립된다. 이후 그는 중국 불교 역사의 중심축을 이루게 되거니와, 하택 신회, 남악 회양, 청원 행사의 제자들 가운데서도 '즉심즉불', '평상심시도'를 주장하는 마조 도일에 이르러 중국의 선은 새로운 전기를 맞는다. 그의 문하에서 나온 백장 회해, 서당 지장, 남전 보원 등은 마조의 선풍을 크게 진작시킨 상수 제자들이다.
　나말에 전래된 구산九山 선문의 개산조는 거의가 마조 도일의 선법을 이은 사람들이다. 5대조의 제자인 신수가 편 '점수법'은 중국 땅 북쪽에 자리잡아 이후 '북종선'으로 불리거니와, 동문인 혜능이 남쪽 지방에서 편 '돈오법'은 '남종선'이라 불리니, 남종선을 처음 이 땅에 선 보인 사람은 도의였다. 그러나 그이는 때를 얻지 못하여 설악산 진전사로 몸을 숨기었고, 뒤이어 귀국한 홍척이 지리산에 실상 산문을 연다. 마조와 서당과 회해로부터 삼십칠 년 동안 가르침을 받고 귀국한 도의가 설악산으로 숨었다고는 하나, 그이의 선법을 숭앙하여 진전사를 찾는 무리가 개미 떼와 같았다 하니, 최치원은 이를 두고 '북산(설악산)의 도의'라 표현하여 초전初傳의 뜻을 기리었다. 또한 '남악(지리산)의 홍척'이라 함은 선의 종지를 이 땅에 실질로 뿌리내리게 한 초조의 위업을 기리려는 뜻이다.

골품 제도의 폐해를 깊이 인식하여 개혁 성향을 보였던 흥덕왕과 선강 태자의 후원을 받고 개산한 실상 산문은 수철과 편운으로 맥이 이어지거니와, 이후로 일천의 제자가 배출될 만큼 융성한 가문을 이루었다. 현재 실상사가 보유하고 있는 국보와 문화재급 유물은 단일 사찰로는 국내 최다인 만큼, 그 옛날의 영화를 짐작하기에 부족함이 없다. 영남과 호남의 접경 으름에 있는 실상사는 천왕봉을 마주 바라보는 너른 들에 세워진 평지 사찰이다.

> 종이학이 날아간다
> 지리산으로 날아간다
>
> 비가 오면 종이는 슬쩍
> 남겨 두고 날아간다
>
> 정호승, '종이학' 중

실상사 옆으로 흐르는 만수천(남천)은 반야봉, 노고단, 고리봉 등에서 흘러내린 물이 모여 된 냇물이다. 그것이 어쩔 수 없이 '푸른 물'이 되고 마는 것은, 삼봉산, 백운봉 등의 양편 산이 드리우는 산그늘 때문이다. 그 위로 종이학 한 마리 날아간다. 종이는 지우고, 비상하려는 뜻만 남아 날아간다.

실상사는 팔팔고속도로에서 인월로 접어들어 마천쪽으로 향하게 되는 큰길 가에 있다. 초입의 해탈교는 근년에 세워진 콘크리트 다리이다. 그것이 생기기 전에 벗은 몸으로 월천越川 공덕을 쌓던 것은, 똘똘, 만수천이 빚어 내는 물 소리를 꼭 닮은 징검다리였다 한다.

그 옛날에 부처를 뵈오러 그 어여쁜 다리를 건너기도 했을 허리 굽은 할머니 한 분, 오늘은 해탈교로 건너간다. 부처님께 절하기 전, 손에 든 정淨한 보시물은 검은 흙에 놓을 수 없겠기로, 짝을 잃고 한 분만 남은 큰 나무 밑 돌사람에게 마음으로만 합장한다. 집안의 평안과 일신의 안녕, 저보다 커 보이는 어떤 것을 믿고 의지하여 빌어 보려는 것이 오죽잖은 것이라 하더라도, 비는 마음이 지심至心일 적에는 어여쁘지 않다 할 수 없을 터였다. 벼랑 바위에 새긴 부처, 불심은 그것이 제가 지어 낸(作) 형상이 아니라, 바위 속에 계신 부처를 껍질을 벗기어 나타나게 한(現) 것이라 여기었다. 지나치는 큰 바위에마저 절을 했던 미불米芾처럼, 아만이 있고서야 갖추지 못할 불심이다.

절로 들어가는 길, 그 길이 옹근 십 리가 넘게 멀었던 것은, 발을 적시는 물길로 가로막히기도 했던 것은, 때로 장승이나 당간 따위로 단속했던 바, 일주문, 사천왕문에 이르러 또 허리 굽히게 했던 것은 버려야 할 아만과 구해야 할 하심을 위한 것이었다. 사문의 길에 든 자로서 예비해야 할 바, 행자가 닦아야 할 가장 기본적인 덕목 또한 그러하다.

　차수叉手한 채로 도량을 가로질러 가는 감물색 옷 저 행자, 해는 기울어 어두워지니, 땅 디디는 정결한 흰 고무신이 더욱 또렷해지는 저녁 도량.

달이 좋아 창주 땅을 그냥 지나치다

　실상사 화엄학림에서 학인을 가르치는 원철 강사 스님은 지난 봄에 매화 나들이를 다녀왔다. 함양 단속사터의 육백 살이나 먹은 족보 있는 정당매로 시작하여 섬진강가 다압 마을에 이르는 지리산 매화 세상 순례를 나섰던 것인데, 돌아와 보니 처소 앞에 핀 매화꽃이 그만 못지않게 장하더라는 것이다. 매화를 찾아 바깥으로 내달려 보았던 발걸음이 (스스로 지니고 있는) '본래 자리'로 되돌아온 셈이었더라 했다. 그 매화 한 가지가 깨우쳐 준 뜻이 그윽했기로 오늘 스님의 처소 앞을 기웃거렸으나, 매화나무는, 공도 없이 얻으려느냐, 한 마디 하고는 더 이상 말이 없다.

　스님의 처소는 학림의 강당으로 쓰이는 당우의 한쪽 끝에 자리하고 있어서, 시간 되면 청익請益이 본분이 될 학인들을 지체하는 바 없이 마주 대하게 되기는 할 터였다. 그러나, 이루어지지 않더라도 그만이나, 언제인가 조촐한 집 한 간 따로 거두게 되면 현판으로 걸고 싶은 당호는 '노월撈月'이라 했다. 달을 건지려 애쓰시다니, 그게 무슨 뜻인가.

　그 말은 원숭이 오백 마리가 꼬리에 꼬리를 붙잡고 우물 속에 빠져 있는 달을 건지려 하다가, 붙들고 있던 나무가 몸무게를 견디지 못하여 부러지는 바람에 모두 우물 속에 빠져 죽었다는 옛일에서 비롯된 것인데, 그 때 이후로 '달을 건지려 하는 원숭이'는 '어리석은 사람'을 비유하는 말이 되었다. 그러나 선가에서는 '애써 정진하는 모습'으로 뜻을 바꾸어 쓴다. 원숭이가 달을 건지려 했던 것은 선정에 든 부처에게 공양하기 위함이었는데, 그 공덕으로 다음 생에서는 모두 아라한이 되었다는 것이다. 그러나 물 위에 뜬 달은 건질 수가 없는 것, 수행이란 그것이 도로에 그치더라도 끊임없이 애쓰고 또 애쓰는 것이다. 그것이 '노월'의 뜻이다.

마조가 달구경을 하다가 세 제자에게 물었다. 달이 밝은 날에는 무엇을 하면 좋겠는가. 지장은 (부처에게 달을 바치는) 공양을, 회해는 수행을 하는 것이 가장 좋겠다 답했다. 그러나 보원은 말 없이 소매를 휘저으며 가 버렸다. 마조가 세 사람을 두고 "경經은 장(지장)으로 들어갔고, 선禪은 해(회해)로 돌아갔는데, 보원만이 홀로 사물 밖으로 벗어났구나" 했다. 남전 보원이 지어 보인 것은 말로는 이를 수 없는 격외 도리格外道理였던 것이다. 아뭏거나, 지장은 마조의 세 상수 가운데서도 참선은 물론이고 그가 이룬 교학의 경지까지 인정받은 것이니, 실상사에 화엄 전문 도량이 마련되는 인연의 뿌리로 봄직한 것이다. 실상사의 창건주인 홍척은 서당 지장의 심인心印을 받은 선사였지만, 화엄종에도 밝았으며, 2대 조인 수철도 참선뿐 아니라 「화엄경」을 공부했다 한다. 비롯됨이 이와 같았으니, 연관 학장 스님을 모시고 1995년에 개설된 화엄학림이 성취할 바 적지 않을 터였다.

셋도 함께 눕지 못할 작은 방, 이마에 '정진精進'이라 적혀 있다. 방의 이름이 그러하니 입정入定을 도모하여 봄직도 하겠으나, 원주 스님 발소리 멀어진 뒤, 목 밑에 베개 하나 괴고 지평地平으로 몸을 누이고 만다. 달력 하나, 대나무 횃대, 한 자 남짓한 너비의 낮은 나무 좌탁은 단순 소박하나 손맛이 남은 정겨운 것이다. 그 위에 붙은 글귀, "머무는 동안 맑고 고요한 기쁨으로 가득한 하루하루가 되기를 기원합니다." 기원하시는 대로만 된다면, "한가히 노닐며 절집에 조용히 앉았으니 / 고요한 안거, 참으로 소쇄하도다"라고 노래한 영가 현각의 경지와 한가지가 될 터였다.

고요한 안거, 적멸지경.

누운 방 귀퉁이에 처진 거미줄에 적멸의 도리를 일러 줄 걸린 벌레는 없었다. 싶은 그 순간에 날개짓 소리 요란한 날벌레 한 마리가 방으로 들어온다. 불을 따라 들어온 미물, 쫓아 내려다 말고 불만 끄고 다시 눕는다. 그러나 한데에 켜진 불은 몸을 되돌릴 만큼 밝지는 않았던지, 미물의 움직임은 방 안에서 헛되이 맴돈다.

니가 들어왔던 틈을 찾아라, 틈을!

부모미생전의 본래 면목?

그것은 일천칠백 공안 중의 하나이기도 했다. "불빛 따라 창문 틈으로 들어왔는데 / 들어온 곳 몰라 헤매고 있네 / 문득 들어온 곳 되찾게 되면 / 이전의 잘못된 곳 되찾게 되리." (백운 수단)

여전히 나갈 길 찾지 못한 날벌레를 쫓아 내려다 말고 대발을 걷어 올려 두고 방 밖으로 나온다.

큰 키 감나무 아래 지나, 똘똘, 소리내며 물 떨어지는 수각을 지난다. 해우소 앞의 전등 불빛이 세를 잃는 자리, 그 끝에서 몸을 휘덮어 오는 것, 달빛! 법당 앞 돌탑 뒤로 서면 그 위로, 뒤돌아 배롱나무 아래 서면 그 잎 사이로 얼굴 들이미는 저것!

저 하늘에 유정한 무슨 물건 있기에
밤이 되면 밝은 달이 홀로 와서 엿보는가
何物有情天上在
夜來明月獨窺尋
편양 언기, '박 상사를 멀리 보내며' 중

극락전 앞 연못, 수련은 대숲이 드리운 그늘을 이불 삼아 모두 잠들었다. 못 속에는 축생을 여의고자 눈을 뜨고 수행 중인 물고기가 없지 않을 터이나, 수면은 거울처럼 잔잔하다.
달 하나 그 위에 고요히 떠올랐다.

대 그림자가 뜰을 쓸고 있네
그러나 먼지 한 점 없네
달이 물 밑을 뚫고 들어갔네
그러나 물 밑에는 일렁임 전혀 없네
作影掃階塵不動
月穿潭底水無痕
야보 도천, (무제)

자성을 바로 깨쳐 오안悟眼이 자재해지면 맑은 거울에 제 얼굴 비치듯

할 터였다. 무지(無明)의 바람이 멎고 망식妄識의 파도가 그친 깊고 넓은 바다에 되비칠 삼라만상의 세계, 바다에 찍힌 사진(海印)같은, 일천 강에 드러날 달(月印) 같은 명료한 세상일 터였다.

그러나 물 속에 비친 달은 실체가 아니다. "물 속의 달이 좋아 / 달 잠긴 찬 샘물 병에 담았네 / 돌아와 쏟아 보지만 / 달은 간 곳 없는"(괄허 취여) 것이다. 수중월은 곧 경중상鏡中像이니, 그것이 이르는 바는 무상의 이치요 공空의 도리이다. 수중월이 그러하거니와, 안이비설신의로 파악하는 삼천 대천 세계란 저 바다의 허망히 스러질 물거품이요, 한 순간 번쩍 하고 나타났다 사라질 번갯불이다. 그러나 수중월로써 비량比量할 바, 중생이 저마다 품고 있으나 무명에 가리어 보이지 않는 원만한 본월, 본래 면목이다. "저 한 달 비치나니 일만 강에 달빛이요(一月普賢一切水), 일만 강에 잠긴 달빛은 저 한 달로 모임이여(一切水月一月攝)."(영가 현각)

그러나 오늘 밤 이렇게 달이 좋으니, 그 달에 넋을 앗기어 사철 봄날이요 죽음도 없다는 창주滄洲 땅을 지나치게 된다 하더라도, "성품 따라 달빛에 차갑게 비치는 그림자만 사랑하기로"(야보 도천) 한다.

빈 누樓에 홀로 앉아 달맞이 하나니
개울 소리 솔바람은 이미 삼경이네
기다리고 기다리다 그 기다림마저 잦아진 곳
추운 빛 대낮같이 산 가득 밝아오네
獨坐虛樓待月生
泉聲松籟正三更

待到待窮無待處
寒光如畫滿山明

허응 보우, '빈 누각에서의 달맞이(虛樓待月)'

알려고 하는 자에게만 비밀을

　마천읍에서 천왕봉을 등지고 삼봉산 쪽을 덮어 오른다. 푸르게 벼를 키워 땅을 섬기고 좁은 이마로 정례頂禮하는 층층 다랑논이 이어진다. 그 길 끝에서 만난 집, 아직 귀밑머릿살이 보드라운 보살 한 사람과 말총머리 거사 한 사람이 사는 곳이다. "내 여기 살려 했더니 / 흰 구름 날 위해 산 한 자락 열었네." 고인이 읊은 바 있거니와, 지쳐 두는 문은 없으니 '무문관'이라 이를 만한 곳이었다. 줄여 나갈 길이 창창하니 일각도 허투루 보낼 짬이 없어 그런가, 인근에 사시는, 실상에 관심 두고 계시는 스님 한 분에게만 문을 열어 두고 있을 따름이라 했다.
　체발剃髮은 자연에 어긋나니 긴 머리카락이 망령되이 흐트러지지 않게 질끈 묶어 단속해 두었을 따름인 송 처사, 참선의 깊고 푸른 못에 풍덩 몸담근 채 살아가리라, 작명의 뜻은 분명 그러할 선담禪潭 보살의 몸놀림이 재다. 오늘은 청하지 않은 두 객을 맞아 흔연히 묵언을 깨고, 텃밭에서 거둔 감자와 매운 풋고추로 부침개를 지져서, 닫아 두었던 안이비설신의를 방자히 열어젖힌다.

칠 년 전 혼인하여 이 곳에 정착한 지 오 년, 눈 높이로 나지막히 펼쳐지는 창암산을 면벽하고 산 지 벌써 그렇게 되었다. "욕망의 쾌락은 짧고, 뒤따르는 고통은 크다." 문 앞에 새기어 걸어 둔 법구경의 이 한 구절은, 내왕객이 없으니 두 사람이 스스로에게 이르는 말이 될 터였다. 뼈만 남은 부처의 고행상 하나 섬기고 있는 방, 세간살이 한 점 눈에 띄지 않으니 "방마다 텅 비어 동쪽 벽이 서쪽 벽과 맞부딪치는" 방, 서슬 푸른 칼날로 지엽 말단 다 잘라 낸 방이었다. 한겨울에도 지리산 혹랭을 몰아내는 일 없는 방, 갈아야 할 텃밭도 없지 않은 터에 일종식 저녁 한 끼로 육신의 몸됨을 지킬 뿐이라 했다. 가지 한 고랑, 고추 한 고랑…. 올 봄 가뭄은 호되어 종자를 묻은 밭에는 쇠비름, 뽀리뱅이 따위의 잡초만 무성했다. 감, 자두, 복숭아…. 아직은 오죽잖은 그것들이 일종식의 내용이 되어 줄 모양이었다.

뜻만 얻고 말은 버렸는가. 아직도 그의 입 끝에서 실꾸리마냥 풀려 나오는 「초발심자경문」, 그러나 방에는 책 한 권이 없었다. 경經은 곧 길(徑)이니 저저마다 닦아 나가야 할 수행의 도반으로 삼을 만한 것이다. 그러나 강 건너에 이르러서는 버려야 할 통발이고 뗏목이다.

만 권 경전 버리고 심중에 품을 한 권 경은 무엇인가. 저마다 지니고 있다 하는 마음이 곧 그것이다. 팔만장경 또한 이 마음 심 자 한 자를 풀어 설한 것에 지나지 않는다 했다.

내게 한 권 경전 있으나
종이 위에 먹으로 써진 것 아니어서
펼쳐 보면 글자 하나 없지만

언제나 밝은 빛이 온 누리를 비추네
我有一券經
不因紙墨成
展開無一字
常放大光明

　일본과 미국, 바깥 공부까지 하고 돌아온 자식이 산으로 들어가 출가승과 다름없이 살려 할 적에, 불 꺼진 어린이 놀이터 그네에 앉아 혼자 우시던 어머니. 내 길로 삼은 길이 어머니의 길까지는 될 수 없을 적에, 말로써 달랠 바 못 되어 저만큼에 떨어져 다가갈 수 없었다. 이 길이 옳을진대 이렇게 적시어져 무너져 내리는 마음은 또 무엇인가. 이날껏 그 어머니는 달마다 생활비 십만 원씩을 못난 따님에게 보내시니, 그들이 한 달 생활비로 삼는 전부이다.
　자식, 착着의 뿌리 가운데 가장 깊고 질긴 것. 이생에서 내 소생은 두지 않으리라. 세간의 인연도 따라가지 말고, 출세간의 법에도 머물지 말라 하였거니와, 세상의 인연도 좇을 일이 아니고, 출세간의 법도 궁극에는 버려야 할 바이니, 그 끝에 일체 허망은 잦아져 대도를 이루게 될 터였다.
　도대체 이 길이 어떤 길이던가. 끝날 길이기는 한가. 어느 철 가열찬 수행을 지켜보던 태안사 청화 스님, 선담에게 귓속말로 전한 바 있었으나 당찮은 말씀이었다. "제가 저를 모르지 않습니다, 스님!" 성정이 불과도 같아서 마음에 얹힌 바는 끝을 보고야 손을 털곤 했었다. "이 길은 끝이 안 보여요. 그러나 미쳐야(狂) 미칠(及) 바이겠지요." 그러나 요즘은 자주 사람이 그리워진다 하니, 그 말마저 없었다면 둘이 자청하고 들어선 길이 차라리 수상할 뻔하지 않았겠는가.

서늘해지는 산, 어두워지는 숲 속으로 길 한 줄 띠처럼 떠오른다. 지천으로 피어난 개망초 꽃 무리, 잎과 줄기는 못물과 같은 어둠 속으로 잠기고 꽃잎만 실상實相으로 환히 떠오른다. 가늘고 긴 풀벌레 울음소리, 그것이 일으키는 물 무늬에 개망초 흔들리고, 강아지풀, 까치수염, 오이풀도 함께 흔들린다.

> 파란 바람아 불어오니라 불어가니라
> 알려고 하는 자에게만 비밀을 일러 주고
> 저 나뭇가지들을 흔들어 주어라
>
> 고형렬, '바람 나뭇잎' 중

놀라워라, 그 참에 우후죽순으로 땅에서 솟아나는 것 있다. 묵정밭 일구다 생긴 자갈돌, 그것은 공들이어 쌓아올리니 탑이 되었다. 열 기, 스무 기, 서른 기…. 진토에 뿌리 박은 채로 빈 하늘(空)에 가 닿으려는 소망, 크고도 수승한 바람. 청량사지 탑으로서 천 년 세월 남아 있는 오랍의 이름도 상원上願이었다. 낮다고 보잘것없는 탑이겠는가, 크고도 수승한 소망. 저것이 그림자 없는 나무(無影樹)가 될 날, 또는 이음매조차 없는 온전한 탑(無縫塔) 하나 될 날. 빈 하늘에 뜰 달 아래에!

[보태는 이야기]

선담 보살과 송 처사는 마천을 떠나 인근의 가조면으로 이사를 했다. 주위에 밀립해서 자라고 있는 아름드리 나무를 손수 켜서 둘이서 방 두 칸짜리 집을 지었다고 했다. 뚝 떨어진 방에 따로 살면서 피차에 공부만 열심이라 했다. 햇빛과 별빛과 달빛이 공으로 쏟아져 넉넉하니, 바쁘게 전기선 끌어다 넣을 마음도 없다 한다. 그 말을 들으니, "밝은 달이 창에 비치면 때때로 그 빛을 타고 앉아 가부좌를 틀었다"(「삼국유사」)는 광덕과 그이의 아내의 살림살이가 생각났다.

새 집으로 한 번 들르라고 청하는 양주兩主의 어조는 은근하였다. 그러나 냉큼 찾아가 보지 못한 것은, 그것이 더 깊은 산중으로 처소를 옮긴 분들에 대한 예일 듯도 해서였다.

도사린 어부마다 낚싯대 지니었네

부처도 죽이고 조사도 죽이라 했다.
스승에게 칼을 들이대는 기개를 가진 제자라야 했다.
스승 또한 '새끼 사자들'을 호되게 죄어 붙인다.
개가 입을 벌리고 달려들면 그 속으로 뛰어들어야지!
동산 수초는 설렁거리고 돌아다니다가
운문 문언에게서 '밥통(食袋子)' 소리를 들었거니와,
운문은 스승이 자신을 내치며 닫은 문에 다리를
부러뜨리고 말았던 것이다.

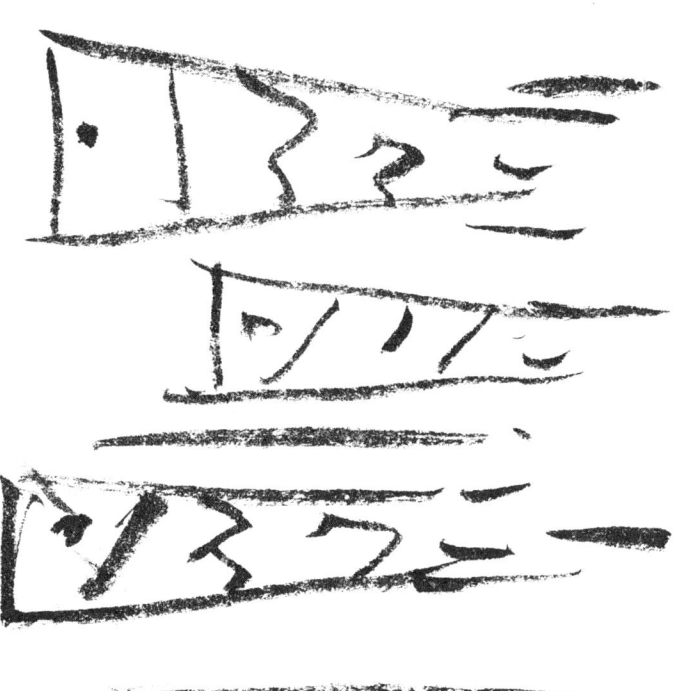

벽도 지붕도 사라진 듯

밝은 눈은 이 깜깜 밤중에는 도무지 쓸데가 없다. 눈 뜰 일이 없어진 몸 그 자체가 눈이다. 문수전 장지문을 밀고 나오니 습쩝처럼 눅눅하던 등이 새벽 기운에 서늘해진다. 아직 무명처럼 잠 깨어나지 못한 도량, 몸을 따라 간 길 끝에 관음전은 있다. 관음전 부전이 이 철에 맡은 소임이나, 결제 한중간을 넘기는 동안에 새삼스러울 것이 없어진 일상이 되었던 것이다. 습관이 되려는 일상, 두툼한 관음전 장지문을 당겨 열고 들어가서, 바람 들 일 없도록 여미어 되닫고 일배 올린다. 몇 걸음 떼어 놓고 손을 내뻗으니 어김없이 불단 앞의 성냥곽 놓인 자리가 되었다.

어느 날 운암 담성이 도오 원지에게 물었다.
— 천수관음보살은 일천 개의 손과 눈을 무엇에 쓸까요.〔大悲手眼〕
— 자다가 놓친 베개를 더듬어 찾지.
— 온 몸에 두루 손과 눈이 있다는 말씀이로군요.
— 온 몸이 그대로 손과 눈이지.

손끝에 잡혀 오는 통 속을 헤집고 성냥 한 개비 집어 낸다. 깜깜한 법당, 그 순간에는 아마도 눈을 떴을 터였다.
파아아….

무비 스님은 뒤로 쿵 주저앉고 말았다. 여윈 가지 끄트머리에 손톱만한 불 하나 달리나 했더니, 그 순간에 온 방이 화안해진 것이다. 벽도 물러난 듯, 지붕도 날아간 듯, 정수리에 수직으로 내리꽂히는 정오의 해라도 그 방에 들앉은 듯. "눈에서 비늘이 떨어진 듯, 물고기가 그물 속에서 뛰쳐 나 오듯, 바로 혼이 날아가고 간담이 서늘해져 죽었다 살아난 듯." (고봉 원묘)

한바탕 회오리 바람에 안개가 걷히니
일천 봉우리 우뚝 솟아 푸른 벼랑 가파르다
一陣旋風霧靄開
千峰突出碧崖嵬
삽계 익

조사 스님들이 애쓴 끝에 얻은 바가 바로 이것이었고나! 어둠과 빛이 둘이 아니라더니, 과연 그러하구나! 십여 년 지고 다닌 무거운 짐이 홀가분히 내려 놓이면서 그는 더 이상 의심할 것이 없어졌다. "만경의 끝없는 갈대밭 속에(誰知萬頃蘆花境) / 도사린 어부마다 낚싯대 지닌 줄 뉘 알았으랴!(一一漁翁把釣竿)!" '사람이 곧 부처(人卽佛)'였고나! 달마가 험한 바다에 목숨 맡기고 건너오게 된 것도 그런 믿음 때문이었고나! 명과 암, 아수라의 면까지 모두 포함된 그대로가 모두 부처였고나! 그래서 석존의 목숨을 빼앗으려 했던 제바달다마저 부처가 되는 것이고나.「법화경」의 상불경 보살로도 드러내신 바, 부처님의 사람에 대한 끝없는 신뢰는 이제 그의 것이 되었다. '인시불人是佛'에 대한 믿음 또는 확신은 그 날 이후로 무비 스님이 불교를 이해하고 불법을 전하게 하는 토대가 되어 주었다.

열여섯 나이에 축발祝髮을 한 뒤로 강원을 졸업하자마자 일주문을 나서지도 않고 선방 좌복을 차고 앉았었다. 일입청산갱불환一入靑山更不還, 염불처럼 외고 다니며 제게 다짐하던 말, 십 년 세월 좌복 위에서 지은 태는 절구통과도 같았고, 동산, 효봉, 구산, 향곡, 춘성, 전강, 성철, 범룡, 서암 등 나라 안 호가 난 선지식이 운영하던 선방은 거치지 않은 데가 없었으니, 남순南巡 동자(선재 동자)와 다를 바 없었다. 삼경 종 땅 치면 목침 꺼내 와서 좌복 위에 잠시 누웠다가 밤새 정진하시던 춘성 스님, 그의 머리카락을 쭈빗 솟구쳐 오르게 하시던 범룡 스님, 화두가 하루에 한 번이라도 들렸으면 좋겠다니, 법룡 스님 말씀의 속뜻은 '하루 스물네 시간 내내 화두 일념'이란 것이었다! 그러나 해제 중에는 걸망 속에서 「서장」과 「선요」, 「임제록」 따위를 꺼내 읽으면서 저를 다그쳤었다.

어떤 스님이 낙보 현안에게 물었다.
— 조사의 뜻과 교학의 뜻은 같습니까, 다릅니까.〔祖意敎意〕
낙보는 답했다.
— 해와 달이 번을 갈아서 빛나지만, 두 길이 서로 다르다고 누가 말하던가.

임천 노인도 뜻이 그와 같아 한목소리로 읊었다.

달이 솔 그림자를 체질하여 높낮이에 두루 응하니
뜻은 말에 있지 않고 말에는 뜻이 없네
해가 연못에 비치니 똑같이 위아래로 나뉘고

물결이 물을 떠나지 않으니 물이 곧 물결이로세

月篩松影

普應高低

意不在言

言非有意

日照池心

權分上下

波不離水

水卽是波

가섭이 석존께 이심전심으로 전해 받은 것은 부처의 '뜻'이요, 아난이 주도하여 결집시킨 뒤로 오늘에 전해지는 경전은 석존의 '말씀'이니, 애초에 갈라 볼 두 가지가 아닌 한 가지다. 선문에서는 경전을 읽는 일을 "묵은 종이만을 뚫어지게 바라본들 어느 때에 깨우치게 될소냐"(신찬) 하고 사갈시하고, 「장자」에서 목수 윤편 또한 "술이 아니라 그저 술찌끼나 맛보는 셈"이라 비웃는다. 과연 도道는 말과 글 속에 있는 것은 아니지만, 말과 글을 여읠 수도 없는 것이다. 달마가 서쪽에서 와서 불립 문자를 주장했더라도, 법을 전할 때는 얼굴을 맞대고 입으로 전했으니, 말과 말은 도에 이르는 사다리요, 교敎는 옳고 그름을 가려내는 먹줄인 것이다. 불조의 혜명을 잇는 일에 있어 선후를 두거나 경중을 따질 수 없는 일이거니와, 고래로 선지식치고 간화看話와 간경看經을 겸수하지 않은 이가 없었다.

1976년도에 전강을 받게 되는 무비 스님이 오대산 회상뿐만 아니라, 역경원 시절을 포함하는 오랜 세월 동안 탄허 스님에게서 몸으로 전해받은 것도 그런 것이었다. 한암의 법제자인 탄허 스님은 당대의 학승이기 이전에 수승한 선사였다. 해 밝은 시간에는 글을 짓거나 역경을 하고, 어두워지면 좌선을 했다. 세상에 '재미'라고는 없이 무미하시던 분, 법문을 듣고자 찾아온 사람을 앞에 앉혀 놓고도 곧잘 좌선 삼매에 들곤 하던 분이다!

전강을 받은 이후 무비 스님은 범어사 강주 소임을 맡으면서 본격적인 교학의 길을 걷게 된다. 그이의 열정적인 강석은 산문 안 출가 사문을 위하는 일에 그치지 않았다. 법문과 역경, 경전의 깊은 뜻은 쉽게 풀어 써야 사부대중에게 두루 읽힐 터였다. 이즈음에는 산문 안에도 일본이나 미국 등, 외지에서 수학하고 돌아온 이가 적잖아졌지만, 그이는 그런 발길 한 번 한 적이 없으니 그의 학문적 토대는 '토종'이라 할 만한 것이다. 그럼에도 한문도 가로쓰기를 해야 한다고 주장할 만큼 그이의 전법 자세는 열린 것이었다.「천수경 강의」,「금강경 오가해」,「예불문과 반야심경 강의」, 열두 권으로 된, 팔십 화엄 번역서인「화엄경」, 네 권으로 된, 현재 조계종 강원의 검인정 교과서라 할 만한「현토 화엄경」말고도, 여러 권의 역서와 저작물을 펴냈다.

동인도의 임금이 반야다라 존자에게 물었다.
— 다른 대사들은 모두 경전을 읽는데 왜 스님만 경을 읽지 않으십니까.
— 저는 숨을 내쉴 때에 뭇 인연에 간섭되지 않고, 숨을 들이쉴 때에 오음五陰과 십팔 계界에 머물지 않나니, 항상 그와 같이 경전 백천(십만) 권을 읽나이다.

법진 일이 덧붙었다.

— 오음과 십팔 계에 있지 않고 인연에도 끄달리지 않으니, 중간이나 양변에 머무를 리 있으랴. 언제나 이런 경전 천억 권을 외우나, 한 글자도 언어에 속하는 바 없었네.

'지知'라는 한 글자가 온갖 재앙의 문이기도 하고(하택 신회), 온갖 묘법의 문(황룡 조심)이기도 하니, 그것이 부처의 경계에 있으면 '살림(活)'이 되나, 중생의 경계에 머물러 있다면 '죽임(死)'이 되는 것이다. 부처가 직접 내게 이르시는 바이라 귀를 열고 듣자오면 지혜의 바다에 들게 됨이요, 지식을 쌓는 수단으로 삼으면 아만은 늘어나고 분별심만 짓게 됨이다.

> 잎사귀는 감잎 같고
> 그 꽃은 연꽃 같네
> 고정되지 않은 그 모습이여
> 이 편에도 저 편에도 떨어지지 않았네
> 見葉初疑枾
> 看花又是蓮
> 可憐無定相
> 不落兩頭邊
> 진각 혜심, '목련'

무비 스님의 나이 올로써 예순, 송광사 관음전에서 한 순간 눈이 화안해지는 경계를 얻었던 것은 삼십 년도 더 전의 일이다. 그 즈음 막 총림이 개설된 도량은 새로운 결의에 차 있었다. 구산 스님을 모시고 수선사에서 열리고 있는 삼년 결사에는 참여하고 있지 않았다 하나, 문수전에서 네댓 수좌들과 함께 또아리치고 앉았던 결기는 그만 못지않은 것이었다. 그러다가 그이가 겪은 경계, 송광사는 자신에게 불법의 안목을 열어 준 뜻깊은 인연 도량이었다.

한 등燈이 일천 등을 켜니

때는 가을. 하늘 아래 땅에 뿌리 박고 선 것들은 몸에 품었던 물기가 마르면서 푸르던 잎은 누런 빛으로 바뀌기 시작했다. 그러나 그것이 이루는 풍경이 풍요롭고 사람들의 한미했던 마음이 함께 가멸어지는 것은, 그 쇠잔해지는 몸이 품기 시작한 열매 때문이다. 초목은 제가 받은 햇빛만큼, 비만큼, 그리고 그것을 뿌리로부터 길어올린 물기로 버무려 쟁인 만큼, 또는 제가 견딘 어둠과 서리만큼, 그저 꼭 그만큼으로, 아무 일도 없는 듯이 해 아래 몸 내맡기고 서 있다. 풀이 제 갈피 속으로 땅을 향해 떨구는 무수한 씨앗, 사소하고도 분명한 기미, 가을은 그렇게 이미 와 있었다. 이러한 때에, 눈 밝은 이라면, "사철이 운행되는 근원에서 무형 무상이라는 불심의 '본체'를 보고, 만물이 유전 변화하는 곳에서 불심의 '작용'을 보아야 할 일"(「벽암록」)이었다.

황금색 다랑논 다랑다랑, 온몸으로 산비얄을 되짚어 오르고 있는 산길 지난다. 어느 곳에 쉬임 없이 흘러드는 물길이 있는지, 이마로 떠받치는 하늘은 다른 것일 리 없건만, 이 편과 저 편의 물빛이 다른 주암호 너른 물도 지나, 전강식을 축하하려는 하객들은 팔도에서 조계산으로 모여들었다.

오늘은 지효 노스님의 기일이나 무비 스님은 부득이 궐참할 수밖에 없이 되었다. 날이 날이니만큼 뜰팡을 오가는 일에서조차 행동거지에 달뜬 바 있어서는 안 될 터인즉, 일이 그러한데도 들켜 버렸다! 그이의 입가에 떠도는 미소를 놓치지 않은 이가 덕담을 건네오고야 만다. "오늘은 해산을 하시는 날이로군요!" 과연 그러했다. 임오년 양력 시월 초닷새, 오늘 조계산 송광사에서는 전강식이 열린다. 무비 스님의 강맥을 잇는 제자들이 무려 아홉이나 배출되는 날인 것이다.

'봉축 여천 무비 대강백 전등 강맥 전수 법회'라는 글귀가 적힌 흰 천이 대웅전 앞에 내걸렸다. 열한시에 식이 시작되기 전부터, 도량은 법당을 가득 메우고 들어앉은 사부대중이 소리 모아 외는 '석가모니불'로써 터가 닦이었다. 종정을 비롯한 종단의 어른들과 전국의 본사 및 인연 도량, 그리고 삼장을 연찬하는 현장인 강원과 전문학림 등에서 보내 온 화환들이 이미 법당 앞에 빼곡하니 늘어 놓였다. 화엄 보살님은 이 도량을 삼매의 힘으로 온갖 꽃들로 채워 놓으시는고나. 시간이 되자 법당 앞에는 스티로폼 자리까지 깔리어 밀려드는 사람들을 앉힌다. 맞은편 박물관 앞에서도 돌확 속에서 자라고 있는 물클로버, 물신검초, 물양귀비, 각시수련 따위가 전두리 위로 목을 빼고 도량을 넘본다.

삼귀의가 끝나고 반야심경이 외어진 다음, 오늘 전법게를 받는 아홉 스님들이 약력과 함께 소개되었다. 능허, 현진, 원철, 용학, 지상, 현석, 상현, 정한, 지성, 이름을 불리면 자리에서 일어나 선 채로 일 배 절했다. 오늘 이 향기로운 도량에 저희가 마련한 법석의 뜻을 고불문告佛文으로써 부처께 아뢰나이다.

"진여에 합해 있으면서도 크지 아니하여 낱낱 털 끝에 빠짐없이 계시옵고, 미진微塵에 처해 있으면서도 넓은 법계에 두루하옵신 부처님! 오늘 저희는 법등이 밝게 빛나고 법향이 온 도량에 가득한 송광사에서 보성 큰스님의 증명 아래 무비 강백을 법강사로 모시고 전강식을 올리게 되었음을 고하나이다. 하늘에 해는 하나이나 사물에 응하면 사물마다 그림자가 나타나듯, 하늘에 하나인 달이 뜨면 일천 강에 일천 달이 나타나듯, 무비 스님이 계셨기에 오늘 저희가 있게 되었습니다. 스승님의 지혜에 비하면 보름밤의 한낱 반딧불에 지나지 않으나, 오늘을 계기로 삼아 저희는 쉼 없이 정진할 것입니다. 적멸 보리를 증득하여 환화幻化 같은 함식含識들을 모두 제도하는 날까지 물러서지 않으리니, 상서로운 자비를 드리워 저희를 지켜 주소서. 나무 시아본사是我本師 석가모니불!"

향 한 대 이마 위로 들어올렸다 불 당겨 바치고, 한 팔 장삼자락 고이 거두어 쥐고 맑은 차 한 잔도 바쳐 올린다. 그리고 종단의 어른 스님과 교학의 현장에 몸담고 있는 여러 스님들이 불단 앞에 줄지어 나와 꽃 공양을 올렸다. 오늘 전강식이 열리는 곳, 보조 이후 열다섯 국사가 배출되었던 송광사의 보성 방장 스님께 여쭙는다. 이 법석은 법다운 것인가. 큰 지팡이 하나 들고, 좌우로 부축을 받으며 법상에 오른 증명 법사 스님이 이 법회가 여법하면서도 유효함을 증명하신다.

여래의 교해敎海를 아난에게 전함이여!
뿌리 부러진 진흙소가 다시 마옹馬翁을 잃어 버렸도다.
무비의 한 등燈이 일천 등을 켰으니
촌부村夫는 샘에 비친 달을 짊어지고 돌아가는구나.
오늘 이 자리에 모인 대중들이여! 망령되이 선과 교를 분별하지 마라.
푸른 사자와 흰 코끼리가 함께 전단나무 숲 속에서 사는구나.
전단나무 숲을 알고자 하는가.
하늘 위에는 달 그림자가 없고, 인간은 물에 젖지 않는구나.
억!

증명 법사 보성 스님은 어깨에 비스듬히 괴어 놓고 있던 지팡이를 곧게 세워 법상을 쿵, 치는 일로써 법문을 마무리했다.

무비 스님이 법상 앞에 나와 서자 아홉 제자들이 삼 배 절을 올린다. 모두 종립 승가대학원 1기생이거나 2기생들이다. 현재 조계종 교육원장 소임을 맡고 있는 무비 스님은 종립 승가대학원 초대 원장이었다. 오늘 전강을 받게 되는 스님들은 그이의 회상에서 삼 년의 수학 기간을 거친 뒤에 전법사로서 인가받은 사람들이다. 종단이 한바탕 개혁의 몸살을 앓고 난 뒤, 개혁을 현실화하는 첫 번째이자 마지막까지 해 내야 할 일로 뜻을 모은 것이 승가의 교육 문제였다. 종단의 개혁은 제도나 소임자를 바꾸는 일로써 완결될 수 없을 터였다. 승단을 이루는 승가 낱낱의 개혁이 전제되지 않고서는 도로로 끝나고 말 일이었다. 근본적 개혁, 승가 교육의 필요성은 사부대중이 공감하는 바였고, 승가대학원 설

립은 그 뜻을 현실화하는 장치로 첫손꼽을 만한 것이었다. 삼장을 연찬하여 전통 강사의 맥을 잇게 하는 동시에, 이 시대에 걸맞는 새로운 강사상이 창출되어야 했다. 대학원 학인들은 이십대 후반에서 많게는 오십대, 모두가 강원에서 학인들을 가르치던 강사급 이력이었고, 이미 다른 스님에게서 전강을 받은 사람도 있었다. 그러나 무비 스님에게는 그들 모두가 차이 둘 수 없는 학인이자 전법의 도반들이었다.

부처도 죽이고 조사도 죽이라 했다. 스승에게 칼을 들이대는 기개를 가진 제자라야 했다. 스승 또한 '새끼 사자들'을 호되게 죄어 붙인다. 앞으로 나아가려야 길이 없고, 뒤로 물러서려야 문이 없도록 몰아붙인다. 개가 입을 벌리고 달려들면 그 속으로 뛰어들어야지! 동산 수초는 설령거리고 돌아다니다가 운문 문언에게서 '밥통(食袋子)' 소리를 들었거니와, 운문은 스승이 자신을 내치며 닫은 문에 다리를 부러뜨리고 말았던 것이다.

"전강을 받기 전에 이미 이삼십 년씩 적공積功이 되어 있던 사람들이여. 나도 거기에 일조를 했고. 이번에 무비당이 그 낱낱 알을 염주로 꿰어 이은 것이지, 독공獨功이 아니여. 그러니께 (전강은) '공동 명의'로 해야지."

축하차 와서 덕담을 나누던 덕민 범어사 강주 스님이 웃으며 한 마디 하신다. 종단에서 인정하는 교육 기관의 과정을 이수한 자들이니, 따로 전강을 받지 않아도 이미 개당開堂의 자격을 갖춘 자들이다. 그러나, 이력 종장이라 하더라도 전강을 받지 않으면 큰방에서는 강을 할 수가 없었으며, 그런 사람이 펴는 강석은 고작 차 마시는 지대방으로만 한정되었을 뿐이었다. 삼사십 년 전에 비한다면 승가의 제도 및 교육 체계는 많이 합리화되었는데도 불구하고, 아니, 그런 끝에 이런 의식도 챙겨지게 되었을 터였다. 세속의 학위와는 달리, 한 도량에서 한솥밥 먹으며 하루 스물네 시간을 함께 지내다 보면, 스승은 "일주문을 나가는 학인의 뒤통수만 보아도 속내를 꿰어 버릴 만큼" 되고 만다. "먼저 중이라야지!" 강원이고 대학원이고, 수학 기간은 그래서 교학 기간이라기보다는 수행 기간이 되는 것이다. 전등 강맥을 이어 교학을 유통시키는 일은 그래서 '전강'으로 끝나는 것이 아니라 '전법'이 되는 것이다.

쌀이 익었느냐

처마 짧다고 소나무로 잇대지 마라
맑은 밤 집에 가득 차는 달빛 즐기려 함이니
短簷不許裁松補
爲愛淸霄月滿堂
진각 혜심

중천의 가을 달과도 같은, 닦을 바 없는 본향本鄕에 가 이르기. 보살의 본분사란 제가 증득한 바를 노를 삼고, 용선龍船을 배 저어 저 건너로 함께 건너가는 것이다. 전법의 귀결처가 그러해야 비로소 대승의 뜻이 온전해질 터였다.

동산 양개는 입적하기 전에 물었다.
 - 내 부질없는 이름이 세상에 남게 되었으니 누가 나를 위해서 그것을 없애 주겠느냐.
 대답하는 대중이 없더니 한 사미가 나와서 말했다.
 - 스님의 법호를 일러 주십시오.
 - 내 부질없는 이름은 이미 없어졌도다.

 전강식은 곧 건당식建幢式이 되니, "모든 마구니들을 조복받고 저마다 정법의 깃발을 드높이 치켜 드는 날(「유마경」)"이다. 전강을 받게 되면 법상에 올라 제 살림을 드러내는 개당開堂 설법을 하는 것이 고래의 법도이다. 아홉 제자 가운데 송광사 강원 강주로 취임하게 된 현진 스님이 대표해서 입지立志의 뜻을 밝혔다.
 "저희 제자들은 삼보와 사부대중이 증명하는 가운데 진실한 발원을 올리나이다. 바라옵건대 불보살님이 살피시어 고해 바다에 빠진 중생들을 보리 열반의 언덕에 오르게 하옵소서. 세존이시여, 저희로 하여금 이 신전심하는 가섭의 미소를 터득하고, 팔만 법장 다문하여 아난의 총지摠持를 얻으며, 분별망상 그대로 문수사리의 지혜가 되고, 행주좌와 일체 행은 보현의 만행이 되게 하소서. 드나드는 문에서 감로의 법이 나오고, 맛보는 모든 것 제호醍醐의 맛이게 하며, 세세생생 보리의 숲을 벗어나지 않고 항상 화장 세계에 노닐게 하여, 마침내 밝고 밝은 진리 꿰뚫지 못하는 것이 없어, 스쳐 지나가는 곳에 진리의 향 흘러넘치게 하소서. 그리하여 환幻의 바다 유희함에, 밝은 달로 중생 실어 나르는 무저선無底船을 삼고, 부는 바다 돛 삼아 거친 생사의 파도 저어 가며, 팔풍 번뇌와 혹독한 난관을 만날 적마다 자신의 주인공을 부를 수 있는 지혜를 얻게 하소서."

발우와 가사 대신, 오늘 전강식에서 제자들에게 내려진 신표는 무비가 과단을 치고 제목을 단 「현토 화엄경」과, 오늘 전강을 하려는 그이에 이르기까지의 전등 법계보, 전강 제자들에게 내리는 법호 및 전법 게송이 적힌 푸른 족첩이다. 거기에는 과거 7불에서 시작하여, 인도 28대조와 중국의 6대조를 거쳐, 임제 18세손이 되는 석옥 청공의 법을 잇는 태고 보우, 청허 휴정, 경허, 한암 중원, 탄허 택성으로 이어져 무비 여천에 이르게 되는 전등傳燈의 법계가 밝혀져 있다.

> 둘이 보고 서로 마음이 맞아
> 밤 깊은 줄 알지 못했네
> 한가로이 눈길 속에서 주고받은 말
> 물과 같이 두 마음에 서로 비치네
> 相見甚相愛
> 無端到夜來
> 等閑雪裡語
> 如水照靈坮
>
> 만해 용운, '밤길에'

전법의 의식은 본디 은밀한 것이었다. '쌀이 익었음(법을 전해받을 준비가 되었음)'을 안 오조五祖가 노 행자를 입실하게 한 것도 모두가 잠든 야삼경이었고, 방 안에서조차 가사로 둘레를 장막 치고서야 의발을 전했었다.

그러나 오조는 의발을 전하는 일은 육조에서 끝나게 하라 일렀다. 의발을 귀물貴物로 여기어 그런 수선을 피운 것이 아니었을 터였다. 오히려, 의발의 형상은 공허한 것인 만큼, 그것에 집착하여 전법의 본디 뜻을 저바리지 말라는 것이 오조의 간곡한 뜻이었을 터였다. 조사와 이별한 혜능도 대유령에 이르러 의발을 뺏으려고 뒤쫓아온 혜명에게 이렇게 말했다. "이 의발은 믿음을 나타내는데, 감히 힘으로써 뺏으려 하는가." 과연 이후로 "신의信依는 반야半夜에 노능盧能에게 전해졌으나, 황매黃梅(혜명)에 이르러 칠백 승僧에 흩어졌네(「종용록」)."라고 할 만은 하였다. 그러나 사자상승師資相承의 증거물이 아주 사라진 것은 또한 아니었다.

불모佛母도 스승이 쓰던 초草와 붓을 전해 받음으로써 인가의 증표로 삼는다 했다. 현재 조계종 종헌에는 "본종本宗의 법맥 상승은 사자간의 입실入室 면수面授, 또는 전법게의 수수로써 행한다"(종헌 제7조)고 되어 있다. 전법의 신표는 가사이었거나, 발우와 함께였거나, 공부를 짓던 몸이 곤할 때에 앉고 기대는 선판이나 궤안이었거나, 또는 먼지를 쓸거나 벌레를 떨치는 불자拂子였다. 또는 서책이었거나, 당신이 제자들을 가르치는 내용이 빽빽히 적힌 '강뽄(講本)' 또는 '강보따리'였다. 또는 법호와 함께 그것을 해석하는 전법게 내지 법통 계승의 내용을 적은 족패族牌였다. 어떤 스승은, 시어머니가 며느리에게 고광의 쇠를 건네주고 뒷방으로 물러나듯, 제자에게 강석을 넘길 때에 당신이 평생 써 오던 낡은 좌복을 밀어 내놓기도 했다. 또는 전강 제자에게 따뜻한 법답法畓을 함께 전하기도 한 바, 육친의 정과도 같은 속정이라 할 만한 것이다. 그것은 지나치게 얽매이지 않도록 단속할 바이지, 지켜 나가되 아름답지 않은 것은 아닐 터였다.

"어리석고 미혹한데 어째서 부처라 하는가(愚痴迷惑何謂佛) / 전단나무 조각은 조각마다 전단향일세(片片栴檀片片香)." 제자 상현에게 '지월'이라는 호와 함께 내린 전법게이다. 원철 스님은 법상 앞으로 나가 법호와 함께 제게 내리시는 전법게를 받잡는다. 스승이 주신 법호의 뜻이 그러하거니와, 지혜로 비추어 드러낼 바(慧照), '사람이 곧 부처'임을 한시도 잊어서는 안 될 터였다. 그리고 속마음으로 가만히 방장 스님이 내린 법어를 다시 헤아린다. "한 등이 일천 등을 켜니…." 이제 그 말은 무비 법사 스님만의 것이 아니라, 크게 애쓴 끝에 전강 제자인 원철 자신이 미구에 감당해야 할 책무가 될 터였다.

세존의 수기는 무엇을 준 것이며
무수한 대중은 무엇을 받았는가
사람 사람이 본래 갖추어 개개인이 원만한데
주고받은 일은 일찍이 쓸데없는 짓일세
世尊授記授何物
無數大衆受何物
人人本具箇箇圓
授受之作曾閑事

무비, 혜조慧照 원철圓徹에게 내린 전법 게송